CULTURA DE MELHORIA

Levando a Organização à Excelência

O CAMINHO PARA O SUCESSO DO NEGÓCIO

COLOCANDO MELHORIA EM AÇÃO

MUITO ALÉM DE UM PROGRAMA DE QUALIDADE

- CULTURA DE MELHORIA
- REPETIÇÕES CÍCLICAS
- FERMENTAÇÃO CULTURAL
- TREINAMENTO DOS COLABORADORES
- TREINAMENTO DAS LIDERANÇAS
- SELEÇÃO DAS LIDERANÇAS
- DECISÃO

Rodrigo Vargas

Cultura de Melhoria

Levando a Organização à Excelência

Rodrigo Vargas

Cultura de Melhoria

Levando a Organização à Excelência

Última revisão/atualização em 2024.
Copyright © 2018-2024 - Rodrigo Vargas e seus licenciantes.
Todos os direitos reservados. Reprodução proibida.
Registro de direitos autorais na Biblioteca Nacional.
AVISO LEGAL NO VERSO DA PÁGINA.

AVISO LEGAL

1 - É proibida a reprodução deste livro, parcial ou integral, por qualquer meio, eletrônico ou físico, sem a autorização prévia e expressa do autor, conforme a lei brasileira nº 9.610/98, e demais leis de direitos autorais dos países onde este livro for adquirido. O não cumprimento destas condições pode levar a ações cíveis de reparação de danos, além das penas criminais cabíveis.

2 – Esforços razoáveis foram feitos para que as informações contidas neste livro estejam corretas e atualizadas (na data de sua produção), todavia, não há como garantir que não haja erros, equívocos, imprecisões, falhas ou omissões; inclusive, em decorrência do passar do tempo.

3. - Este livro tem o objetivo de divulgar informações de caráter genérico, de acordo com a experiência e conhecimento do autor, e não deve ser interpretado como consultoria ou determinação específica a você, ou ao seu caso, nem como garantia ou promessa de qualquer resultado.

Nota 1: Caso encontre algum tipo de erro, sua gentileza em informar através do formulário "Comunicar Erro", do portal GestaoIndustrial.com, será muito apreciada.

Nota 2: Devido às condições inerentes à internet, e/ou outras condições gerais, o portal GestaoIndustrial.com pode sofrer perda de dados, falhas eventuais, e interrupções temporárias ou não.

FICHA CATALOGRÁFICA FEITA PELO AUTOR

V297 Vargas, Rodrigo
   Cultura de Melhoria: Levanda a Organziação à Excelência / Rodrigo Vargas - Autopublicado pelo autor, através do sistema de impressão por demanda, a partir de 2018. Impresso por Amazon.
   176 p.; il.; 17.78 x 25.4 cm (6" x 9")

   ISBN-10: 1977835287
   ISBN-13: 978-1977835284

   1. Gestão. 2. Organização. 3. Cultura. I. Título.

                                                    CDD: 650
                                                    CDU: 658

Sobre o Autor

Rodrigo Vargas é Engenheiro Mecânico formado pela Universidade Federal do Paraná. É pós-graduado em Gestão Empresarial pela Fundação Getúlio Vargas, e pós-graduado em Engenharia de Manutenção Mecânica pela Universidade Federal do Paraná. Tem mais de 30 anos de experiência profissional, sendo mais de 20 dedicados a atividades de gestão e liderança, tendo trabalhado em renomadas empresas multinacionais, com vivência profissional internacional na Europa, Ásia e América Latina. É o criador e editor do portal GestaoIndustrial.com, onde disponibiliza gratuitamente, há mais de 15 anos, informações sobre os tópicos principais da Gestão Industrial, abrangendo as áreas administrativa, financeira, comercial e industrial; além de publicar no blog, dentro do portal, artigos relevantes nas categorias de administração geral, cultura organizacional, desenvolvimento profissional, liderança, marketing, planejamento estratégico, gestão de projetos, produtividade e qualidade. É também o criador e editor do blog internacional de gestão e liderança WithinManagement.com. Rodrigo obteve certificação *Black Belt* na metodologia Seis Sigma, certificação *Practitioner* em Programação Neurolinguística, certificação de Auditor Líder do Sistema de Gestão da Qualidade ISO 9001, e formação complementar em Docência pela Fundação Getúlio Vargas. Rodrigo Vargas tem vários livros publicados nas áreas de gestão, finanças, e cognição (ao final do livro há uma lista completa dos títulos). Em 2020, Rodrigo Vargas criou o canal Universo da Gestão, no YouTube, com os temas mais relevantes da gestão, em videoaulas.

Dedicatória

Aos bons profissionais que trabalharam comigo, nas diversas Organizações por onde passei, e que provaram ser possível criar uma Cultura de Melhoria.

Sumário

SOBRE O AUTOR **7**
DEDICATÓRIA **9**
SUMÁRIO **11**
PREFÁCIO **15**
INTRODUÇÃO **17**
    A Cultura 17
    Cultura Organizacional 20
    A Insatisfação Corrói a Cultura Organizacional 22
    Por Que Cultura de Melhoria? 24
    A Mudança é uma Constante 27
    Soluções Boas de Ontem Não Significam Soluções Boas de Hoje ... 28
    O Perfil das Organizações Mudou 30
    A Cultura de Melhoria É Terreno Fértil 31
        Pressupostos do Negócio de Sucesso *31*
    Algumas Definições Importantes 34
CULTURA DE MELHORIA **37**
    Boas Sementes para uma Boa Colheita 37
    Criando Cultura de Melhoria 40
    Diferenças: Cultura de Melhoria x Programa de Qualidade 43
    Benefícios da Cultura de Melhoria 45
    Pressupostos da Melhoria 48
        1-Repensar *48*
        2-Mudar *48*
        3-Desenvolver *49*

FATORES CRÍTICOS DO SUCESSO NA FORMAÇÃO DE UMA CULTURA 50
    Lideranças Positivas *50*
    Treinamento *50*
EQUIPES DE ALTO RENDIMENTO 51
    Características *51*
    Princípios *52*
COMO IMPLEMENTAR A CULTURA DE MELHORIA? 55
ESTUDO SOBRE CULTURA ORGANIZACIONAL 59
    Respostas Diretas - Perfil *60*
    Respostas Diretas - Percepção *66*
    Análise Cruzada *69*
    Validação Estatística *76*

OS PASSOS PARA A IMPLEMENTAÇÃO 81

PASSO 1: DECISÃO 81
    O Mais Importante *81*
    Missão, Visão, e Valores *83*
    Cultura Não É um Programa *85*
    Cronograma *86*
    Resumo *88*
PASSO 2: SELEÇÃO DAS LIDERANÇAS 89
    Por Que Começar pelas Lideranças? *89*
    Princípios Morais Fazem Diferença *96*
    Autenticidade Top-Down *99*
    A Liderança Negativa *101*
    Selecionando pelas Competências de Gestão *103*
    Algumas Recomendações para o Processo de Contratação .. *110*
    A Principal Função dos Gestores *117*
    Se Não Fizer Isto, Deixe de Ser Gestor *119*

Resumo *120*

PASSO 3: TREINAMENTO DAS LIDERANÇAS 121
   Princípios Morais *121*
   As 12 Competências dos Gestores *122*
   Um Pouco de Percepção *123*
   Resumo *126*

PASSO 4: TREINAMENTO DOS COLABORADORES 127
   Por Que Treinar? *127*
   Retorno do Investimento em Treinamento *128*
   Custo do Não-Treinamento *130*
   Tendências *132*
   Competências *134*
   O Processo de Treinamento *135*
   Resumo *144*

PASSO 5: FERMENTAÇÃO CULTURAL 145
   Transformando a Cultura *145*
   O Perigo Vem de Cima *147*

PASSO 6: REPETIÇÕES CÍCLICAS 149
   Disciplina Diária *149*
   Ciclos *150*

PASSO 7: CULTURA DE MELHORIA 153
   Os Níveis de Cultura e seus Critérios *153*
   Parâmetros *156*

RESUMO INFOGRÁFICO **159**

CONCLUSÃO **161**

AGRADECIMENTO **163**

OUTRAS PUBLICAÇÕES DE RODRIGO VARGAS **165**

Prefácio

Neste livro busco mostrar como criar uma Cultura de Melhoria, baseado na minha larga experiência de trabalho com responsabilidade de gestão, em maior ou menor escala, nas várias Organizações em que trabalhei.

Em meu livro "52 Bons Hábitos de Gestão, Liderança e Relações Humanas" o foco é o próprio gestor, e os hábitos que eu considero importantes ele cultivar. No livro "Gestão Industrial de A a Z" o objetivo é dar uma visão geral da gestão na indústria. Já nesse livro, o foco é, especificamente, mostrar os passos mais importantes para se criar uma Cultura de Melhoria dentro da Organização.

Boa leitura e Sucesso!

Rodrigo Vargas

Introdução

A Cultura

A Cultura está em toda parte. Sua família, seu grupo de amigos, a Organização onde você trabalha, a sua cidade, enfim, todo grupo ou coletividade tem uma determinada Cultura. E o sentido de Cultura aqui empregado não se refere ao nível socioeducacional, nem ao conhecimento puro e simples de história ou artes, mas sim a forma de pensar e agir desse grupo ou coletividade. A Cultura pode, evidentemente, ser boa ou ruim, ser positiva ou negativa, ser construtiva ou destrutiva.

Leia o texto a seguir:

"A falta de justiça, Srs. Senadores, é o grande mal da nossa terra, o mal dos males, a origem de todas as nossas infelicidades, a fonte de todo nosso descrédito, é a miséria suprema desta pobre nação. A sua grande vergonha diante o estrangeiro, é aquilo que nos afasta os homens, os auxílios, os capitais. A injustiça, Senhores, desanima o trabalho, a honestidade, o bem; cresta em flor os espíritos dos moços, semeia no coração das gerações que vem nascendo a semente da podridão..."

Como você deve ter percebido, esse discurso foi feito no Senado Federal, e talvez você tenha pensado que ele foi feito recentemente, afinal, temos visto nos últimos anos tantos casos de corrupção no Brasil; só que, acredite, ele foi feito por Rui Barbosa, em 1914.

Ora, um discurso que foi feito há mais de cem anos e ainda parece tão atual. Como podemos estar sofrendo dos mesmos males, injustiça, desonestidade, descrédito, tanto tempo depois? A resposta está na Cultura. Com absoluta certeza, podemos afirmar que todos os políticos e autoridades públicas de hoje são diferentes dos políticos e autoridades daquela época. O que mantém o modo de agir e pensar de um para outro indivíduo através do tempo, e entre todos os indivíduos, é a Cultura. Portanto, sem mesmo entrar no viés político, fica fácil entender que para extirparmos (ou pelo menos reduzirmos) a corrupção, a injustiça, a desonestidade, é preciso mudar a Cultura do país, o que é, infelizmente, muito mais complexo do que mudar a Cultura de uma Organização.

Diferentes povos têm diferentes Culturas. Muitos anos atrás, quando eu retornava de um treinamento fora do Brasil com alguns colegas, tivemos uma conexão em Zurique. Um fato curioso é que havia no aeroporto um enorme totem em forma de flecha alertando os passageiros que naquele local havia acontecido um roubo, e que dizia: "Cuidado com ladrões!" em quatro línguas: Alemão, Inglês, Francês e Japonês. Logo fiquei imaginando como seria isso no aeroporto de Guarulhos; onde ninguém conseguiria andar com tantos totens espalhados.

Como tínhamos muito tempo até o voo sair, pegamos um trem e fomos conhecer Zurique. Andando pelo centro, em certo momento, nos dispersamos, aí, parei um instante para ver onde estavam meus colegas. Quando me dei conta, havia três carros parados esperando a minha decisão de atravessar a rua. Acontece que eu havia parado na beira da calçada, e os motoristas pensaram que eu iria atravessar a rua e, lá na Suíça, a Cultura determina o respeito e a prioridade ao pedestre. Eu confesso que nem pensava em atravessar a rua, mas o fiz em consideração a uma gentileza com a qual não estava acostumado no Brasil.

Assim como existem peculiaridades da Cultura da Suíça, existem também particularidades e costumes próprios da Cultura do Japão (formalidade, respeito, caráter, harmonia), dos países Nórdicos (integridade, honestidade), dos Estados Unidos (liberdade, competitividade, eficiência), ou dos países Árabes (religião e costumes do dia a dia baseados na religião), apenas para citar alguns exemplos.

Cultura Organizacional

Quando tratamos do modo de agir e pensar, da forma como as pessoas interagem, no contexto de uma Organização, estamos falando da Cultura Organizacional. O seu estudo é de vital importância dentro da gestão Organizacional. A formação e manutenção de uma Cultura boa, positiva, construtiva, é fundamental para o desenvolvimento e sucesso dessa Organização. Embora muito mais fácil do que formar uma Cultura nova em um país, formar uma nova Cultura em uma Organização requer esforço e determinação de todos, a começar pela alta direção.

A maneira com que os vendedores negociam, a forma com que as pessoas se vestem, a fisionomia dos colaboradores no dia a dia de trabalho, o empenho no trabalho, a coragem de assumir desafios, o desejo de inovar e fazer melhor, estes são alguns aspectos que podem evidenciar a Cultura de uma Organização. Mas a preocupação em formar uma Cultura vai muito além desses aspectos. Na verdade, o que procuramos é criar um ambiente Organizacional que proporcione eficiência Organizacional, satisfação no trabalho, e um ambiente atrativo, capaz de criar e reter bons profissionais.

Há muitos anos atrás, eu trabalhava num grupo Organizacional que tinha duas fábricas, razoavelmente próximas uma da outra. Chamemos de fábrica X e fábrica Y. Eu iniciei trabalhando na fábrica X, e, depois de uns meses, fui trabalhar na fábrica Y. Ainda que os produtos fossem os mesmos, os equipamentos muito similares, e o perfil dos colaboradores muito parecido, na fábrica Y o ambiente era mais pesado, mais tenso, e havia mais medo nos colaboradores. Foi uma experiência interessante perceber dois grupos aparentemente iguais, mas que eram realmente diferentes no modo de pensar e agir. Hoje eu consigo entender exatamente os porquês da formação de uma e outra Cultura nas duas fábricas, e consigo confirmar muitas das intuições que tinha na época. No decorrer desse livro, abordarei detalhadamente as questões formadoras da Cultura dentro de uma Organização.

A Insatisfação Corrói a Cultura Organizacional

Imagine a seguinte situação: num dia como outro qualquer, um colaborador entra na Organização para trabalhar, tendo o pensamento que, mais uma vez, terá que suportar o seu chefe, tolerar seu colega, completar os trabalhos que parecem sempre atrasados, mal planejados, ou com datas de realização impossíveis. O pensamento desse colaborador está na torcida para que o currículo que enviou para uma outra vaga de trabalho resulte numa entrevista em breve, ou então, que aquela entrevista que já foi feita dê certo e que ele seja chamado para um novo trabalho. Para esse colaborador, ao entrar para trabalhar, o pensamento já está voltado para a hora da saída, contando os minutos para chegar lá. Se você for como a maioria, já deve ter tido algum desses pensamentos. Pois eu já os tive!

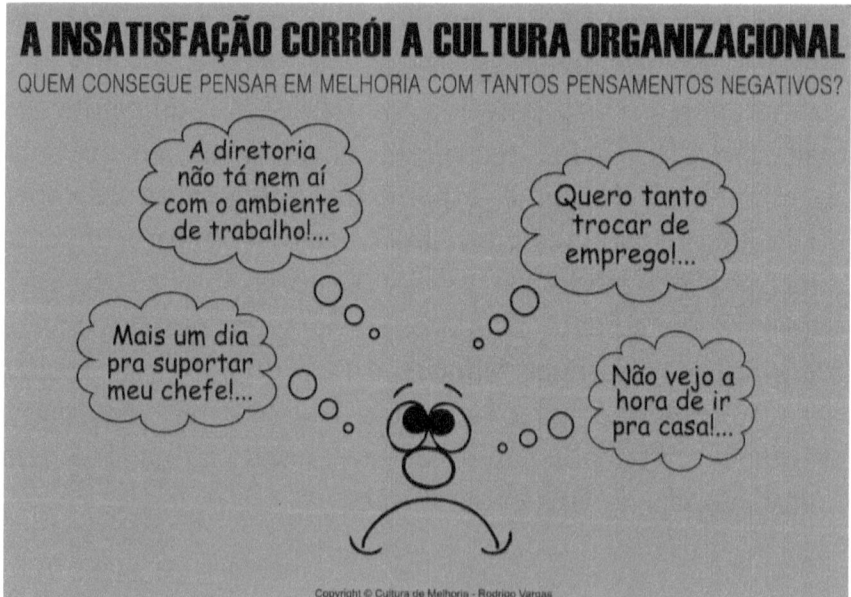

Veja esses dados interessantes: em duas pesquisas que realizei através do GestaoIndustrial.com, uma em 2015 e outra em 2017, o percentual de insatisfeitos no trabalho foi de 43% e 55%, respectivamente. Índices muito altos e distantes do razoável. Como que é possível crer que um grupo de colaboradores assim insatisfeito possa desempenhar o seu melhor, tendo tantos outros pensamentos negativos rondando seu dia a dia? Definitivamente, não é possível criar ou manter uma Cultura de Melhoria num ambiente em que a maior parte dos colaboradores está insatisfeita, com outras preocupações que não fazer bem e cada vez melhor o seu trabalho.

Por Que Cultura de Melhoria?

Era um dia comum de trabalho, e o supervisor da linha de montagem veio me avisar sobre um lote de parafusos com não-conformidade no tratamento superficial, e que foi abastecido na linha de montagem. Nessa época, eu era o responsável por toda a área de Produção em uma multinacional do ramo automotivo e, ao verificar o ocorrido, descobri que a não-conformidade foi percebida pela operadora da linha de montagem. Ela percebeu uma ligeira diferença na coloração do tratamento superficial, o que a fez chamar o líder da linha, que confirmou o problema com a área de Qualidade. Atente ao fato de que o lote de parafusos foi enviado pelo fornecedor, recebido pela nossa fábrica, e abastecido na linha de montagem, sem que ninguém e nenhum sistema de Qualidade tivesse identificado a não-conformidade. No entanto, a operadora da linha, responsável pela montagem, percebeu a diferença e tomou a ação correta, chamando o suporte e relatando a possível não-conformidade. Nesse caso, poderíamos esperar que todas as pessoas responsáveis pela qualidade tivessem tomado alguma ação, dentro de suas funções, para evitar que o lote não-conforme chegasse à linha de montagem, tanto no fornecedor, quanto na fábrica; e o menos provável seria esperar que a operadora da linha de montagem detectasse a sutil anomalia.

Nessa mesma Organização, não era raro um operador da linha de montagem ir até o inspetor de qualidade da linha e pedir para colocar a etiqueta de retrabalho no produto que havia montado, para verificação de posicionamento ou falta de algum componente específico. Sim, profissionais que se expunham sem medo, com o objetivo de garantir a qualidade do produto. O que isso tudo significa? Cultura de melhoria!

Uma cultura em que não se penaliza um erro, pura e simplesmente, mas, ao mesmo tempo, não tolera a negligência. Uma cultura onde as pessoas da Organização são valorizadas pela sua habilidade, conhecimento, e, principalmente, pela sua atitude. Uma cultura que reconhece o bom trabalhador, aquele que tem comprometimento com resultados, aquele que é honesto e confiável, aquele que agrega valor ao time.

Em outra empresa, quando eu assumi a área Industrial, tínhamos uma situação interessante com dois supervisores. Vou usar os nomes fictícios de André e Oscar para essa narrativa. André era o supervisor de Produção e Processos da fábrica 1, mas com um desempenho absolutamente superior na área de Processos. Oscar era o supervisor de Produção da fábrica 2 (bem menor), era bom, mas fechado em seu próprio mundo tinha um potencial fantástico. O que fiz? Coloquei André como supervisor de Processos para todas as duas fábricas, concentrado em melhoria, redução de custos, e redução de tempo de produção. O Oscar eu coloquei como supervisor de Produção das fábricas 1 e 2. O resultado? O desempenho dos dois melhorou incrivelmente. Mostraram-se dois profissionais de grande competência nessas áreas. Com isso, os dois profissionais ganharam, suas equipes ganharam, e a empresa ganhou!

A Cultura de Melhoria é um processo onde as lideranças desempenham papel de protagonistas, é um fator crucial na implantação e manutenção de uma Cultura de Melhoria.

A Cultura de Melhoria cria bom um ambiente de trabalho, e estimula os colaboradores a serem produtivos e comprometidos. A Cultura de Melhoria é a força motriz que impulsiona a Organização aos mais elevados patamares de eficiência, transformando-a em um negócio de sucesso.

A Mudança é uma Constante

Quando analisamos a linha do tempo, desde o início do século XX até o início do século XXI, percebemos claramente que, a cada vez mais, e cada vez mais rápido, as mudanças ocorrem ao nosso redor. Seja no aspecto da administração, seja no aspecto da tecnologia, seja no aspecto das comunicações, são muitas as transformações.

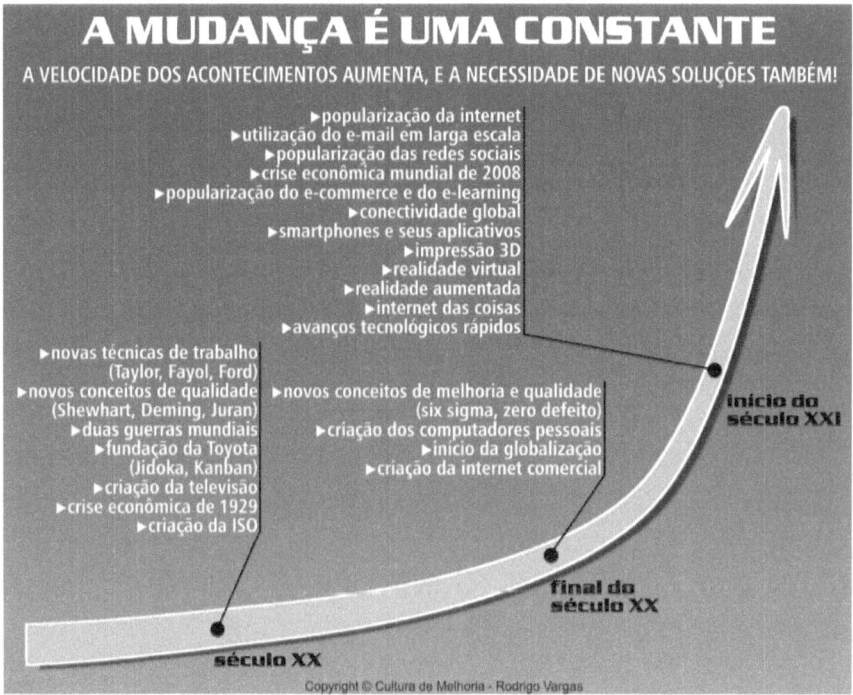

Fica claro que, num ambiente em constante mudança, a necessidade de novas soluções é cada vez maior. Numa empresa, numa Organização qualquer, isso ganha relevância ainda maior, pois se a sua Organização não encontrar novas soluções, novos produtos, novas tecnologias, o seu concorrente encontrará.

Soluções Boas de Ontem Não Significam Soluções Boas de Hoje

Na década de 50, quando você queria ouvir sua música preferida, precisava ficar colado no rádio, esperando até quando ela tocasse, ou teria que comprar um LP (*long play* - vinil). A partir da década de 60 houve uma evolução, começaram a se popularizar as fitas cassete (fitas magnéticas), e aí você poderia até gravar a música que ouvia no rádio, mas ainda assim, tinha que ficar aguardando até quando ela tocasse. Com o advento do computador, da internet, ficou muito mais fácil ouvir a sua música preferida, acessando uma das tantas rádios online e criar a sua própria programação, ou assistindo o seu clipe de música preferido nos websites de vídeo. Com o advento dos *smartphones*, ainda mais facilmente, você pode carregar suas músicas em qualquer lugar.

O interessante nessa análise temporal quanto às soluções de cada época é que, tanto nas décadas de 50, quanto hoje, acreditamos sempre que temos uma boa solução. Isso nos remete a uma importante conclusão, já atribuída em nosso título: Boas soluções de ontem não são, necessariamente, boas soluções de hoje.

Veja, na figura a seguir, um quadro interessante que preparei com a finalidade de mostrar alguns produtos consagrados do mercado, com o seu período de entrada, maturação e declínio. Vemos produtos que foram lançados, considerados essenciais, e depois sumiram, como é o caso da máquina de escrever, lâmpada incandescente, ou retroprojetor. Vemos, também, produtos simples, como o clipe de papel, ou mais complexos, como o micro-ondas, que continuam vivos e muito úteis até hoje.

BOAS SOLUÇÕES DE ONTEM NÃO SÃO, NECESSARIAMENTE, BOAS SOLUÇÕES DE HOJE
CICLO DE VIDA DE ALGUNS PRODUTOS*

Produto	1860	1880	1900	1920	1940	1960	1980	2000	2020
máquina de escrever									
lâmpada incandescente									
clip de papel									
retro projetor									
fita cassete									
disquete 8" - 5,25" - 3,5"									
fita VHS									
forno de microondas									

*Relativo ao mercado americano

Copyright © Cultura de Melhoria - Rodrigo Vargas

O Perfil das Organizações Mudou

No século passado, quando o mundo caminhava em ritmo mais lento, as empresas podiam ter uma velocidade de reação menor. Hoje, o mundo competitivo exige mais agilidade. O ambiente de mudanças das últimas décadas mostrou que as empresas precisam ter um perfil mais eficiente, mais flexível, com soluções mais inovadoras para sobreviver e vencer.

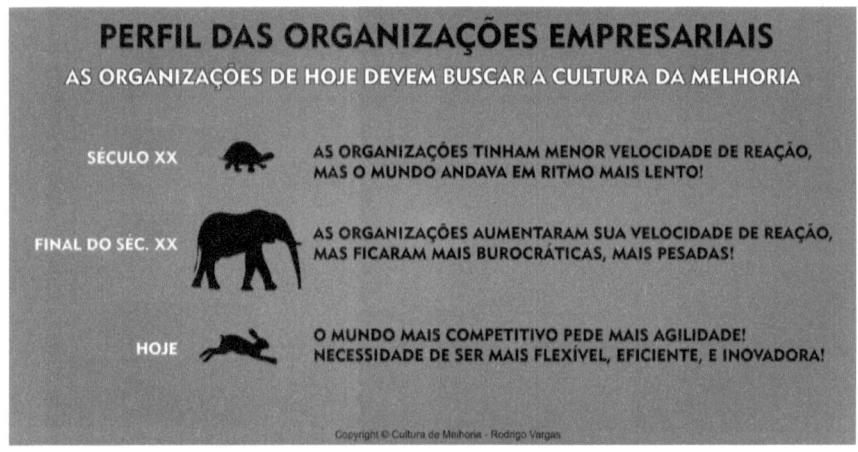

A Kodak, fundada em 1888, que já foi líder na venda de papéis de fotografia e filmes fotográficos por décadas e décadas, amargou um pedido de concordata em 2012, menos de 10 anos após a fotografia ter-se tornado digital. A Fujifilm, que era feroz concorrente da Kodak nas décadas de 70, 80 e 90, foi mais flexível e eficiente, e buscou novas soluções, investindo em outros produtos, desde eletrônicos, até equipamentos médicos e cosméticos; e, em 2018, a Fujifilm comprou o controle acionário da gigante Xerox.

A Cultura de Melhoria É Terreno Fértil

Você somente colherá bons frutos se semear em terreno fértil. Se pretender cultivar maçãs, prepare o solo para maçãs, se pretender cultivar uvas, prepare o solo para uvas. Da mesma forma, se queremos uma Organização de sucesso, devemos preparar o ambiente para isso. Nesse contexto, vemos a importância da Organização implantar a **Cultura de Melhoria**, pois será ela que permitirá **criar um ambiente fértil** para prosperarem as variáveis principais associadas ao negócio de sucesso.

Pressupostos do Negócio de Sucesso

Todo gestor deve ter em mente que um negócio, seja lá ele qual for, é regido por três premissas básicas dos negócios bem-sucedidos:

- **Satisfação das partes interessadas** – É preciso que o negócio satisfaça às partes interessadas: colaboradores, clientes, e parceiros (fornecedores, sociedade, etc.).
- **Lucratividade**– O negócio deve ter saúde financeira, ou seja, tem que gerar lucro, pois é dessa forma que ele poderá se manter, se aperfeiçoar, e se reinventar.
- **Perpetuidade** – Um negócio bem-sucedido tem que satisfazer as partes interessadas e obter lucros de forma sustentável, ou seja, ao longo do tempo.

Existem 7 variáveis importantes associadas aos 3 pressupostos do negócio de sucesso, e que são necessárias para atendê-los:

- **Alta qualidade** – Os mercados de hoje exigem produtos não apenas bons, mas de alta qualidade, pois

produtos que não atendam a esse requisito "convidam" o cliente a experimentar o concorrente.
- **Bom Ambiente Interno** – Para produzir com qualidade é preciso ter a capacidade de reter os melhores profissionais e, para isso, é fundamental ter um bom ambiente interno de trabalho.
- **Boas Relações com o Ambiente Externo** – Ter apenas um bom ambiente interno não é suficiente, o negócio deve manter boas relações também com a comunidade onde se encontra (pois, entre outros motivos, muitos de seus colaboradores provavelmente vem dessa comunidade), com a sociedade como um todo (respeitando o cliente, respeitando o meio-ambiente, fazendo negócios com ética), e com o governo (respeitando a legislação).
- **Efetivo Suporte ao Cliente** – Muitas vezes, é o suporte ao cliente que determinará se ele continuará cliente ou não, e um suporte *efetivo* ao cliente vai aproveitar justamente o momento da demanda do cliente para resolver o seu problema e fidelizá-lo.
- **Inovação** – Melhorar sempre e buscar a inovação, oferecendo novas soluções ao cliente, é uma variável importante.
- **Entrega Rápida** – O cliente pode demorar para se decidir quanto à compra, mas, uma vez decidido, a grande maioria não está disposta a esperar muito para receber o produto/serviço, portanto, trabalhar para oferecer os menores prazos de entrega é fundamental.
- **Preço Justo** – O cliente estará sempre disposto a pagar o preço justo pelo produto, por isso, quando estabelecer o preço, tenha em mente o custo e a expectativa do cliente.

Algumas Definições Importantes

Antes de entrarmos no aprofundamento das características da Cultura da Melhoria, é importante alinharmos algumas definições que estaremos utilizando ao longo deste livro. Isto é necessário pelo fato de haver, para algumas das palavras-chave que usaremos, uma variação considerável de significado. Tomemos "liderança" como exemplo, são inúmeras as definições e conceitos atribuídos a ela e utilizados no dia a dia; e a nós, vai nos interessar três definições, de acordo com o contexto em que estiverem inseridas. Veja a seguir:

Liderança[1]: É referente ao cargo/função de líder na Organização, que visa influenciar positivamente um grupo de pessoas, em determinados processos. Por ex.: líder de produção, líder de atendimento, líder de oficina, etc. O líder exerce função de responsabilidade muito mais limitada que a do gestor (não demite, nem contrata; não planeja; não faz análise crítica, etc.). Diz-se que não é um cargo de chefia, mas é o braço direito de algum gestor. Ele é como o capitão num time de futebol.

Liderança[2]: É o conjunto de competências necessárias ao cargo de gestão e de líder[1]. O cargo de gestão, além da liderança, deve ter, pelo menos, outras onze competências (falaremos disso em detalhes mais adiante).

Liderança[3](s): termo genérico que se refere ao conjunto das pessoas que ocupam os cargos de gestor e de líder de uma determinada Organização.

Gestão: É a ação de controlar pessoas e processos, e refere-se aos cargos de chefe, coordenador, supervisor, gestor, gerente, diretor, ou C-level. Lembrando que "C-level" é qualquer um dos cargos do tipo "Chief alguma coisa Officer", cuja tradução livre seria algo como "Administrador Chefe de alguma coisa", e os principais são: "Chief Executive Officer" (responsável por toda a Organização), "Chief Operations Officer" (responsável pela área Industrial ou de Operações), "Chief Financial Officer" (responsável pela área Financeira), "Chief Administrative Officer" (responsável pela área Administrativa), "Chief Commercial Officer" (responsável pela área Comercial). O gestor é como o técnico num time de futebol.

DEFINIÇÕES IMPORTANTES DESTE LIVRO

Gestão: É controlar pessoas e processos, e refere-se aos cargos de chefe, coordenador, supervisor, gestor, gerente, diretor, ou C-level. Ele é como o técnico num time de futebol.

Liderança^1: É referente ao cargo/função de líder na Organização, que visa influenciar positivamente um grupo de pessoas, em determinados processos. Por ex.: líder de produção, líder de atendimento. O líder exerce função de responsabilidade muito mais limitada que a do gestor (não demite, nem contrata; não planeja; não faz análise crítica, etc.). Diz-se que não é um cargo de chefia, mas é o braço direito de algum gestor. Ele é como o capitão num time de futebol.

Liderança^2: É um conjunto de competências, necessário ao cargo de gestão e de líder^1. O cargo de gestão, além da liderança, deve ter, pelo menos, outras onze competências.

Liderança^3(s): termo genérico que se refere ao conjunto das pessoas que ocupam os cargos de gestor e de líder^1 de uma determinada Organização.

Os expoentes $^{1\ 2\ 3}$ se referem a cada um dos três possíveis significados das palavras, dependendo do contexto em que apareçam.

Copyright © Cultura de Melhoria - Rodrigo Vargas

Cultura de Melhoria

Boas Sementes para uma Boa Colheita

A Cultura de uma Organização é como o terreno onde você pode semear e colher. Se tiver boas sementes, colherá bons frutos, se tiver sementes ruins, colherá frutos ruins. A Cultura da Organização, assim como o solo, responderá da forma que for preparado. Assim como é preciso ter boas sementes e água para uma boa colheita, da mesma forma, o ambiente corporativo precisa de bons líderes e de bons treinamentos para se colher bons resultados. Nesse comparativo, a Cultura de Melhoria representa o ambiente fértil que proporcionará o crescimento e a colheita de grandes frutos.

Nessa nossa analogia, uma boa semente é o fator fundamental para a boa colheita, ainda que também sejam necessários água, sol, e os nutrientes do solo, mas, sem a semente, é certo que nada frutificará. Igualmente, sem as boas lideranças, nenhum bom resultado se poderá esperar dentro da Organização. Tanto quanto encontrar uma boa semente, encontrar e manter uma boa liderança também não é uma tarefa, necessariamente, simples. Do mesmo modo que a água hidrata o solo semeado, o treinamento é fundamental e um importante acelerador no processo de implantação e manutenção da Cultura de Melhoria. O resultado desses dois fatores (lideranças e treinamentos) em conjunto será surpreendentemente maior que a sua simples soma.

Você poderia se perguntar, mas o sol, a eliminação das pragas, e os nutrientes do solo, também são fatores importantes na plantação, não é mesmo? Certo! Vários outros fatores também aparecem no ambiente corporativo, e podemos citar alguns como a política salarial, ambiente físico, política de benefícios, políticas administrativas, etc. Tudo isso, sem dúvida é importante, mas, para a criação da Cultura de Melhoria, eles estão em níveis de suporte. De fato, as lideranças da Organização e os treinamentos constantes são os fatores mais significativos na formação da Cultura de Melhoria.

Pense comigo, como é o cuidado que, em geral, as Organizações têm em relação à Cultura que querem criar ou manter. Eu já conheci grandes Organizações que pregavam um jeito ético de tratar seu corpo de colaboradores, mas permitiam que sementes ruins fossem cultivadas em seu terreno. A hipocrisia corporativa é a mola mestra que impulsiona a Organização para longe da Cultura de Melhoria. A Cultura da Organização, assim como o solo, responderá da forma que for preparado, portanto, uma boa Cultura se constrói, acima de tudo, com boas lideranças, e treinamentos constantes.

Criando Cultura de Melhoria

Eu me lembro de ter assumido o desafio de trabalhar na implantação da filial Brasileira de uma multinacional do ramo automotivo. Nessa época, eu tive a oportunidade de fazer a contratação e seleção de todo o pessoal da linha de montagem. Embora sem experiência em gestão, eu adotei o critério de selecionar pessoas que, acima de tudo, parecessem ter bom caráter, pessoas que, trabalhando em equipe, pudessem ter respeito com seus colegas, e comprometimento com resultados, além de ter disposição para aprender, e autodisciplina. Isso foi avaliado pelo olho no olho, puro *feeling* meu. Outros aspectos que considerei importantes foram: organização e atenção aos detalhes, que eu avaliei com aplicação de alguns testes específicos. Não levei em conta idade, nem sexo. O fato de ter experiência em linha de montagem não foi preponderante, foi apenas um eventual critério de desempate. Procurei, na medida do possível, criar uma equipe heterogênea, ou seja, com homens e mulheres, com jovens e não jovens, com pessoas experientes no ramo, e outras não. Minha maior preocupação em formar aquela equipe era ter gente boa! Gente com disposição, gente comprometida, gente dedicada, gente querendo aprender.

O resultado dessa equipe, depois de devidamente treinada, foi muito acima do esperado. O primeiro resultado veio do próprio cliente, e o relato que vou fazer a seguir foi feito pelo meu chefe direto, um americano, que ouviu de um contato na fábrica do nosso cliente (localizado nos Estados Unidos) o seguinte: disse o nosso contato que o pessoal da linha de produção do cliente estranhou que não havia mais tantos produtos para retrabalho, ao que nosso contato respondeu lembrando que os produtos estavam já sendo fornecidos pela nova filial do Brasil. Esse é um dos mais puros e verdadeiros elogios que um time de produção pode ouvir. Meses depois, um diretor da nossa matriz foi visitar esse mesmo cliente e, ao retornar, disse que foi tão bem tratado que ele não se sentiu como fornecedor, mas, sim, como cliente.

Eu talvez não tivesse a noção exata do que estava acontecendo, mas eu estava, ainda que apenas na minha área, criando uma Cultura de Melhoria. Quando comecei esse trabalho, eu não quis, como havia visto em outras empresas, que um membro da minha equipe tivesse medo de errar e ser punido, pelo contrário, deixei claro a todos que o erro poderia ser aceitável, desde que trabalhássemos sempre para evitá-lo, desde que tivéssemos uma postura séria em relação aos resultados, e desde que, quando errássemos, tivéssemos a humildade de reconhecer o erro e buscar o devido aprendizado, para evitarmos repeti-lo. Precisaríamos ter a disposição de fazer certo, entendendo que, quem tem medo de errar acaba errando. No futebol é assim, se o batedor do pênalti tiver medo de errar, muito provavelmente, vai errar. Com o tempo, obviamente, algumas pessoas da equipe foram substituídas, não por algum erro em si, mas pela postura antes ou depois do erro, pela falta de comprometimento em buscar fazer certo, ou pela falta de comprometimento em aprender com o erro.

Embora possa dizer que, felizmente, errei muito pouco nas contratações que havia feito, algumas substituições são fundamentais, fazem parte de uma seleção natural e importante, não apenas para melhorar o nível da equipe, mas também para não desmotivar aqueles que são bons, se dedicam, e têm bons resultados. Uma coisa interessante que ocorreu é que, dentro daquela Organização, a equipe da linha de montagem se tornou um "fornecedor interno" de funcionários para outras áreas. O alto desempenho daquela equipe chamou atenção de tal modo que pessoas dali foram contratadas para trabalhar nas áreas de Qualidade, Finanças, RH, e outras.

Disso tudo, podemos tirar uma conclusão importante sobre o que é, verdadeiramente, Cultura Organizacional. A Cultura de um Time (Organização) nada mais é do que o conjunto de valores e crenças que vai determinar a forma de agir e pensar de seus membros. E a Cultura de Melhoria, especificamente, é focada nos aspectos de eficiência, inovação e ambiente de trabalho.

> **O QUE É CULTURA ORGANIZACIONAL?**
> É o conjunto de valores e crenças que determina a forma de pensar e agir em uma Organização.
>
> **O QUE É CULTURA DE MELHORIA?**
> É a cultura Organizacional focada nos aspectos de eficiência, inovação, e bom ambiente de trabalho.
>
> **COMO IMPLANTÁ-LA?**
> Implanta-se através da seleção e preparação adequadavdos gestores e líderes que, posteriormente, no dia-a-dia, deverão fazer o mesmo com suas equipes, além do fortalecimento das competências de todos os colaboradores! Esse é um processo de razoável complexidade e de longo prazo!
>
> Copyright © Cultura de Melhoria - Rodrigo Vargas

Diferenças: Cultura de Melhoria x Programa de Qualidade

Poderíamos nos perguntar: se a Cultura de Melhoria leva um certo tempo para gerar resultados, envolve uma dedicação razoável das lideranças, tem custos de treinamentos, por que não adotar algum programa de qualidade, com resultados mais rápidos? Por uma série de razões eu prefiro iniciar um trabalho rumo à Cultura de Melhoria, do que iniciar simplesmente um programa de qualidade.

A Cultura de Melhoria permite ter o envolvimento geral da Organização, suas áreas, e suas das equipes. A Cultura, ao contrário do Programa, consegue obter um uso natural e orgânico de boas práticas, ou seja, um uso que não é forçado, enquanto que, em geral, os Programas são empurrados goela abaixo.

Outro ponto importante é que a Cultura de Melhoria permitirá uma elaboração e execução bem-feita do planejamento estratégico, pois, pelo conceito básico, suas lideranças positivas estarão alinhando os esforços e trabalhando em seu benefício, envolvendo, devidamente, suas equipes. Dessa forma, enquanto um Programa de Qualidade pode ser resultado de um planejamento estratégico, a Cultura de Melhoria será uma potência inspiradora de sua elaboração. Outra diferença significativa diz respeito a preparar as equipes para mudanças, e obter resultados contínuos.

Aqui, vale um comentário no sentido de que eu não sou contra Programas de Qualidade, eu mesmo já implementei e participei de vários, apenas entendo que eles serão **realmente** úteis se você tiver uma Cultura de Melhoria já permeada na Organização. Eu prefiro priorizar a Cultura de

Melhoria, pelas várias vantagens em relação aos Programas de Qualidade, as quais eu resumi na figura a seguir.

DIFERENÇAS BÁSICAS	
PROGRAMA DE MELHORIA	CULTURA DE MELHORIA
Curto prazo	Longo prazo
Envolvimento parcial	Envolvimento geral
Uso forçado	Uso natural
Resultados pontuais	Resultados contínuos
Não prepara para mudanças	Prepara para mudanças
Liderado pelo Ger. da Qualidade	Liderado pelo CEO
É resultado da Estratégia	Inspira a criação da Estratégia
Não aumenta o poder de execução	Aumenta o poder de execução

Ao participar, direta ou indiretamente, de vários programas de qualidade, e fazendo uma análise crítica sobre os resultados desses programas, não foi difícil perceber que o problema reside no seguinte:

- Em geral, a alta direção da Organização se mantém distante do dia a dia da operação, e pouco se envolve com esses programas;
- Em geral, são cobrados resultados imediatos que, normalmente, não ocorrem, e causam frustração

A verdade é que não há mágica, os resultados somente aparecerão de modo efetivo com a mudança de Cultura, que, o mais das vezes, é negligenciada na implantação de um programa. A Cultura de Melhoria pressupõe necessariamente o envolvimento das lideranças (desde a alta direção), e essa é uma das grandes diferenças.

Benefícios da Cultura de Melhoria

Ao longo do texto, até aqui, você já deve ter percebido vários dos benefícios da implantação da Cultura de Melhoria, e fica fácil entender como esses ganhos aparecem quando observamos atentamente as diferenças entre um Programa de Melhoria e a Cultura de Melhoria.

Um estudo de Lindsay McGregor e Neel Doshi, autores do livro *Primed to Perform: How to Build the Highest Performing Cultures Through the Science of Total Motivation,* questionou colaboradores de várias grandes corporações quanto aos 6 fatores motivacionais do trabalho propostos pelos professores Edward Deci e Richard Ryan da Universidade de Rochester: satisfação (o quanto você gosta do trabalho em si), propósito (o quanto você valoriza o impacto do trabalho), potencial (o quanto o trabalho aumenta o seu potencial), pressão emocional (é quando você recebe algum tipo de ameaça), pressão econômica (é quando você trabalha por alguma recompensa, ou para evitar alguma punição), e inércia (é quando você trabalha mas não sabe bem porquê), solicitando uma graduação de 1 (descorda totalmente) a 7 (concorda totalmente). Os autores do estudo, depois, fizeram o seguinte cálculo para chegar ao que chamaram de fator motivacional total: (10 x nota de satisfação) + (5 x propósito) + (1 2/3 x potencial) − (1 2/3 x pressão emocional) − (5 x pressão econômica) − (10 x inércia). Os resultados revelaram que a **maior satisfação do cliente está correlacionada a Organizações com Culturas mais fortes (com fator motivacional total maior)**.

Os pesquisadores DanaChandler (MIT), e AdamKapelner (Wharton School - Universidade da Pensilvânia), publicaram em 2013 um estudo com aproximadamente 2500 trabalhadores, cujo objetivo era determinar a diferença entre um trabalho com significado, e sem significado. Aos trabalhadores foram dadas tarefas idênticas, porém, a um dos grupos foi dito que estariam rotulando células tumorais para auxiliar pesquisadores médicos, ao outro grupo (o grupo controle) não foi informado o objetivo da tarefa e, também, foi dito que seu trabalho seria posteriormente descartado. Concluiu-se que aumentar o significado de uma tarefa, aumenta a quantidade produzida, sem alterar a qualidade; e, também, que, ao diminuir o significado de uma tarefa, reduz a qualidade produzida, sem alterar a quantidade. Ou seja, **tarefas com significado aumentam a produtividade, e tarefas sem significado reduzem a qualidade**.

Posso relacionar como principais, os seguintes benefícios da Cultura de Melhoria: alta qualidade, produtividade, eficiência, inovação, e o bom ambiente de trabalho. Porém, como é de se esperar, não se irá colher os benefícios da Cultura de Melhoria de uma hora para outra. E como já dissemos, a implantação de uma Cultura demanda algum tempo. Tempo para selecionar as lideranças de acordo com os critérios adequados (veremos mais adiante em detalhes), tempo para as lideranças conhecerem e selecionarem os membros de suas equipes, tempo para treinamento, e tempo para aquilo que eu chamo de fermentação cultural (que nada mais é do que o tempo para a propagação e a absorção dessa nova cultura).

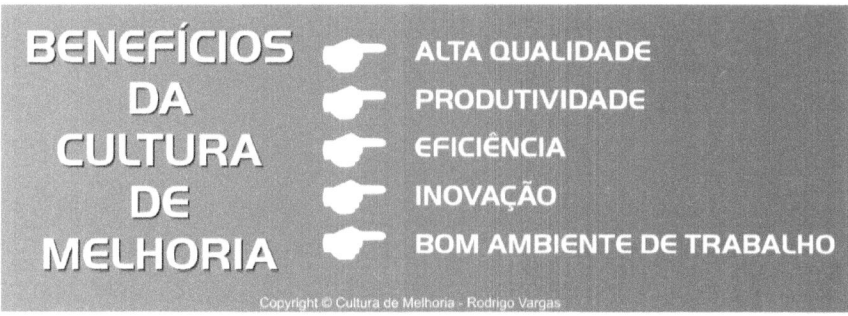

Ainda que o tempo de implantação de uma Cultura de Melhoria, em geral, seja bem maior do que o tempo de implantação de um Programa de Qualidade, eu acredito que vale a pena o trabalho, pensando nos grandes resultados que podem ser colhidos, e no incrível potencial gerado.

Pressupostos da Melhoria

1-Repensar

Repensar o que você faz é fundamental para a melhoria! Se o que você faz é igual, o seu resultado deverá ser o mesmo. Ou seja, não se pode esperar ter um resultado diferente, quando agimos do mesmo modo, não podemos esperar melhorar nossos resultados, se nada for feito de diferente. Não podemos confiar nossos resultados ao acaso, ou à sorte, devemos, sim, repensar o que fazemos e como fazemos, analisando criticamente nossos processos e os inputs que damos a eles, para podermos entender o que, e onde, pode ser melhorado.

2-Mudar

Nem toda mudança gera melhoria, mas não há melhoria sem mudança. Para melhorar é preciso mudar! Esta é a única certeza que temos ao falar de melhoria, ainda que saibamos que algumas mudanças podem não frutificar. No entanto, é certo, também, que se não mudarmos, não vamos melhorar.

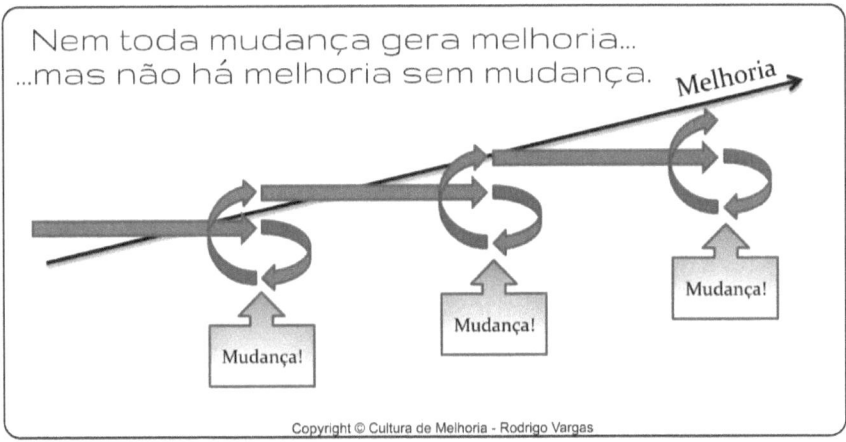

3-Desenvolver

"Desenvolver" implica em alterar um determinado padrão, buscando **inovar** e obter melhores resultados. O desenvolvimento deve ser aplicado tanto em pessoas, quanto em processos, ou mesmo, em tecnologia. Treinar pessoas, redesenhar processos, e alterar tecnologia; essas são as 3 grandes frentes para melhoria na Organização, através de seu desenvolvimento e da sua perfeita integração.

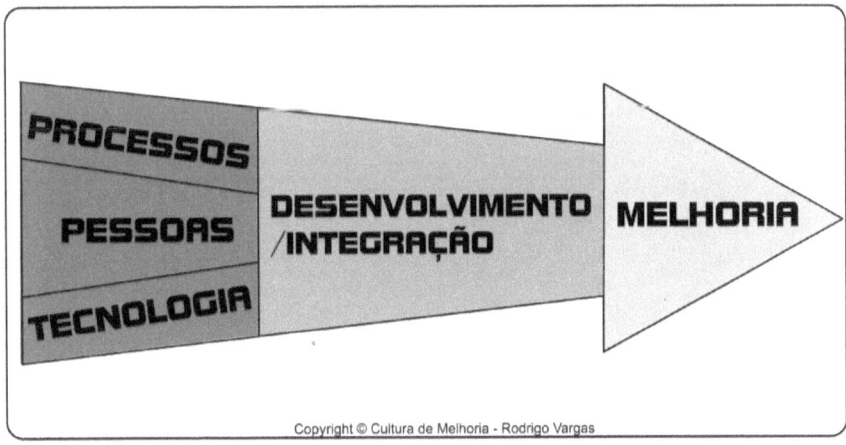

Fatores Críticos do Sucesso na Formação de uma Cultura

Lideranças Positivas

- As boas lideranças são capazes de inspirar pessoas e fazê-las enxergar um caminho melhor a ser percorrido, com vontade e disposição!
- As boas lideranças conseguem desenvolver os membros das equipes, de modo a serem capazes de atingir melhores resultados!

Treinamento

- O treinamento deve ser amplo, de modo a atingir todos os membros da Organização;
- O treinamento deve ser focado na necessidade de cada um, e nas competências que precisam ser desenvolvidas;
- O treinamento é um importante fator motivacional

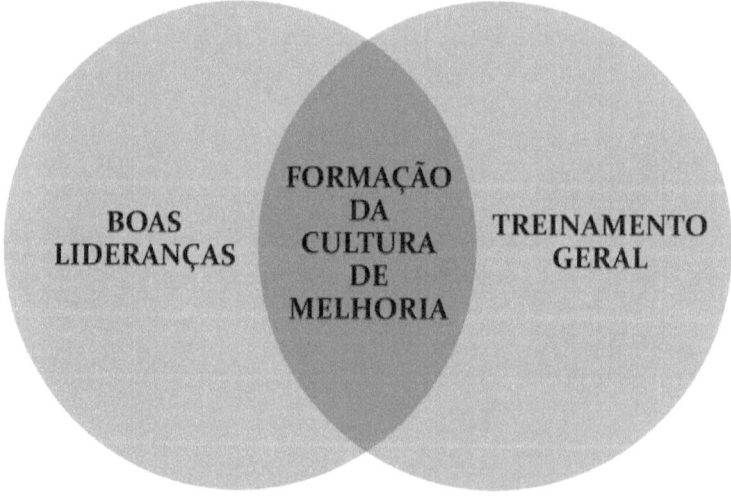

Falaremos bastante sobre **lideranças** e **treinamento** no capítulo "Os Passos para a Implementação".

Equipes de Alto Rendimento

Características

As principais características das equipes de trabalho eficazes em uma Cultura de Melhoria são:

1. **Pessoas competentes**: ou seja, cada posição numa Organização exigirá um determinado conjunto de competências de cada pessoa, cabe ao líder, ter certeza de que cada membro da equipe preenche os requisitos e possui tais competências. É aquele velho (mas cada vez mais importante) chavão: "cada um no lugar certo". Se isso não ocorrer, se faltar competência para o membro da equipe, isso comprometerá diretamente os resultados. O líder, na sua função, deve procurar: ou desenvolver a pessoa (se perceber potencial), ou aproveitar em outra função onde seja competente, ou ainda, desligar a pessoa.
2. **Processos definidos**: se não estiver claro como executar o processo, obviamente o resultado também estará comprometido. Imagine, para entender o quanto isso é importante, jogar uma partida de futebol sem entender plenamente as regras do jogo.
3. **Responsabilidades claras**: sim, muita gente tem medo de carregar responsabilidade, mas isso deve ficar claro. Quem faz o que, quando e até que ponto vai seu nível de autoridade ou autonomia.
4. **Metas estabelecidas**: esse ponto parece óbvio, mas muita gente negligencia. Para marcar um gol, é preciso saber qual é o nosso lado do campo.
5. **Autodisciplina**: sem disciplina nenhum trabalho é bem-feito. Disciplina é a nossa capacidade de executar e controlar. A autodisciplina é a disciplina motivada por cada um, é uma competência interna que facilita a cada um o cumprimento de seus objetivos.

Princípios

Há 10 princípios básicos a serem seguidos por todos, quando se quer criar uma equipe vencedora, e estabelecer uma Cultura de Melhoria. Eu chamo esses 10 pontos-chave como sendo o Círculo Virtuoso da Equipe Vencedora.

1. **Visão positiva –** Não aceite um membro da equipe que não tenha confiança no futuro. Atente ao fato de que confiar no futuro não significa ser um cara bobo, que não está preparado para a adversidade, e que pensa que nada pode dar errado, ao contrário, é sempre importante estabelecer planos de contingência em situações importantes, caso algo dê errado. Confiar no futuro quer dizer trabalhar duro para criar o futuro que se deseja, acreditando que se está no caminho certo.
2. **Respeito mútuo –** Nem pense em tolerar o desrespeito em sua equipe, é como um cancro, uma infecção que pode contaminar todos. O mesmo respeito que as pessoas têm com o líder é o respeito que o líder deve ter com a equipe, e é o mesmo respeito que cada um da equipe deve ter entre si. Respeito gera confiança e fortalece os laços. Lembre-se bem disso: não tolere falta de respeito!
3. **Hierarquia –** Para possibilitar que as coisas aconteçam de acordo, a equipe deve ser um sistema estruturado de pessoas, organizadas por responsabilidades. De certa forma, como ocorre em um time de futebol, em que existe a diretoria, o treinador, o capitão, os jogadores, etc.
4. **Disciplina –** Não há bom trabalho, sem disciplina. A disciplina torna a equipe melhor, a disciplina torna a equipe mais forte, e a disciplina torna o trabalho mais fácil. É como diz a letra da música "Há Tempos", de Renato Russo: "*Disciplina é liberdade*".

5. **Ética** – Os princípios morais e a ética são obrigatórios. A falta de ética em sua equipe é como uma bomba relógio, em algum momento vai causar estrago. Livre-se das pessoas que não vivem os valores morais no dia a dia, você não precisa delas.
6. **Dedicação** – Você, como líder, precisa de pessoas dedicadas e comprometidas com trabalho. Pessoas comprometidas podem salvar uma vida, pessoas comprometidas podem evitar um incêndio, pessoas comprometidas podem impedir perdas e prejuízos, pessoas comprometidas conseguem resultados!
7. **Competência** – Cada membro da sua equipe deve ter a competência necessária, se não, treine-o e avalie-o. Se ele adquiriu a competência, felicite-o, se não, tente entender o porquê. Às vezes, o problema é o treinamento, às vezes o problema é a pessoa, ele pode estar no trabalho errado. Nesse caso, substitua-o por alguém com as competências adequadas.
8. **Melhoria/Inovação** – Todos os membros da equipe devem buscar continuamente melhorar procedimentos, processos e resultados. Por isso, planejar as ações, e executá-las com virtude, é fundamental, além, é claro, de monitorar e controlar os resultados. Outro aspecto que leva à melhoria continua, é o aprendizado com os erros cometidos. Não devemos ter medo de errar, mas devemos nos preparar para minimizar os riscos de erro; e se houver o erro, devemos entender o porquê dele ter ocorrido, para que não se repita
9. **Resultado** – No final das contas, é o resultados que mantém o negócio, portanto, todos na equipe devem ter bem claro os objetivos, para que possam manter o foco no atingimento dos resultados.

10. **Comemoração** – Você pode imaginar um jogador de futebol não comemorar após marcar um gol? Estranho, não é? Então, comemore com sua equipe todas as conquistas significativas. Isso é importante para manter vivo o círculo virtuoso da equipe vencedora!

Como Implementar a Cultura de Melhoria?

É claro que, o ideal é que o processo de implementação envolva toda a Organização, pois o resultado será tão melhor, quanto mais abrangente for a sua implementação. Ou seja, para os melhores resultados, **a implementação deve ocorrer em toda a empresa, a partir do CEO**. No entanto, sabemos, você e eu, que o ótimo é inimigo do bom, portanto, melhor que se busque a criação da Cultura de Melhoria em uma área, do que, em nenhuma. Se você tiver o apoio necessário, poderá ter bons resultados implantando a Cultura de Melhoria em sua própria área (caso você não seja o CEO), mas tenha em mente que o desafio será multiplicado!

Vou relacionar, agora, de forma resumida e didática, as etapas do processo de implementação da Cultura de Melhoria, a ponto de você conseguir elaborar o seu próprio plano de implantação, e, ao longo do livro, veremos todos esses pontos em detalhes:

1. Decisão
    a. Requer uma decisão firme e verdadeira da alta direção da Organização
    b. Requer revisar "missão", "visão", e "valores"
    c. Deve haver consciência de que criar uma Cultura não é como lançar um Programa de Qualidade
    d. Tem início, mas não tem fim...
2. Seleção das Lideranças
    a. Processo em cadeia, de cima para baixo;
    b. Selecionar lideranças com autoridade moral e focar nas 12 competências de gestão;

    c. Substituir lideranças fracas por lideranças positivas e eficazes
3. Treinamento das Lideranças
    a. Enfatizar o protagonismo das lideranças;
    b. Ressaltar a importância dos valores morais;
    c. Focar nas deficiências relacionadas com as 12 competências do gestor.
4. Treinamento dos Colaboradores
    a. Ter em mente que o treinamento é um poderoso formador de Cultura;
    b. Entender que o custo de não treinar é maior do que o custo de treinar;
    c. Desenhar o processo de treinamento com as suas 4 etapas: identificação, planejamento, execução e avaliação.
5. Fermentação Cultural
    a. A fermentação é um processo natural de transformação;
    b. Proporciona a sedimentação e consolidação dos novos valores;
    c. As melhorias passam a acontecer naturalmente.
6. Repetições Cíclicas
    a. Analisar o que se tem feito;
    b. Corrigir o que for necessário;
    c. Continuar com a implementação.

7. Cultura de Melhoria
    a. Conjunto de valores claros e vivenciado pela maioria.
    b. Os treinamentos são frequentes.
    c. A maioria das lideranças é muito boa e focada na seleção e desenvolvimento de suas equipes.

Lembre-se de que essa é uma figura ilustrativa. O passo a passo que propomos aqui para chegar à Cultura de Melhoria é uma forma didática de fazê-lo, sendo que, na prática, esses passos podem estar acontecendo concomitantemente, já que você não deixará de substituir uma liderança fraca, apenas porque está num período de treinamento. Portanto, é fundamental ter em mente que esses passos, ou processos, são realizados ao longo de todo o tempo, podendo ocorrer ao mesmo tempo.

Outro ponto importante a reforçar é que trabalhar o ambiente na busca da Cultura de Melhoria tem início, mas não tem fim. É um trabalho de todo dia, e por todo o tempo. Da mesma forma, os resultados que você poderá alcançar também não tem dia e hora, podem ocorrer a qualquer momento, indefinidamente!

Estudo sobre Cultura Organizacional

Para conhecer um pouco mais sobre as percepções sobre a Cultura Organizacional e a satisfação dos colaboradores no trabalho, realizei, através do GestaoIndustrial.com, uma pesquisa de opinião com 13 perguntas objetivas, visando definir o perfil e a percepção de cada respondente. As condições operacionais dessa pesquisa você pode ver na figura seguinte.

Os resultados foram divididos em duas partes, a primeira mostra as respostas diretas, que também está disponível no GestaoIndustrial.com, e a segunda, mostra uma análise cruzada de várias das respostas. Essa análise cruzada, que eu realizei especificamente para este livro, permite observar as questões de Cultura e satisfação no trabalho em relação a vários aspectos do perfil dos respondentes.

Respostas Diretas - Perfil

74% dos respondentes estão abaixo dos 35 anos.

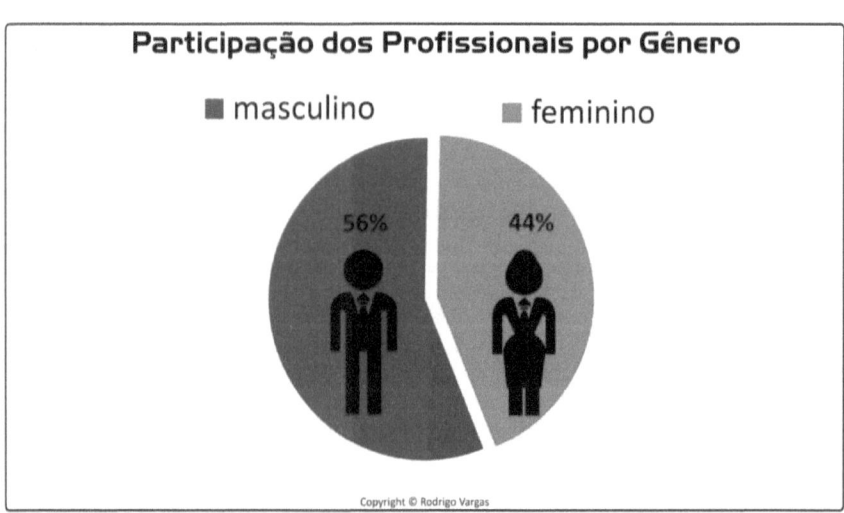

A participação feminina foi de 44%, número melhor que o da pesquisa realizada em 2015, também através do GestaoIndustrial.com, sobre o Desperdício de Tempo no Trabalho, que teve uma participação de 38%.

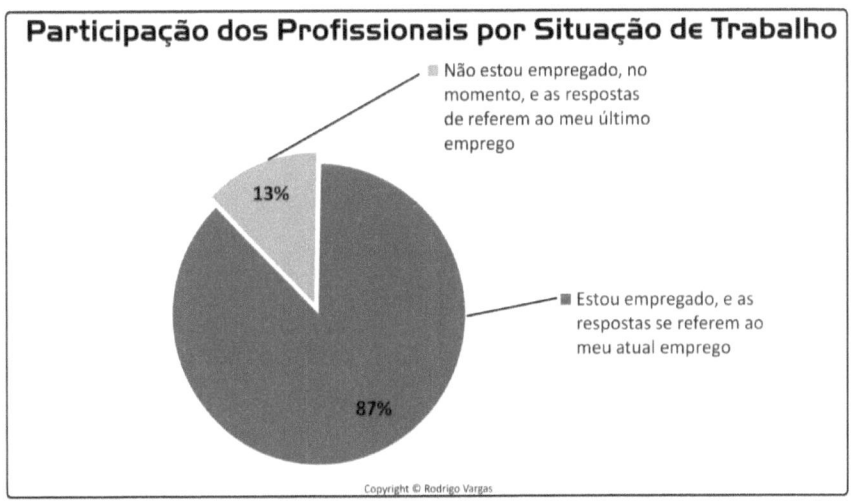

13% dos respondentes se disseram desempregados, mas contribuíram mesmo assim com a nossa pesquisa, respondendo baseado no último emprego.

Muito boa a distribuição dos respondentes pelo Brasil, com predominância dos estados de São Paulo e Santa Catarina.

Prevaleceram os profissionais da indústria, o que já era esperado, e que acredito ser consequência tanto pelo fato do Portal estar relacionado ao tema da indústria, como pelo fato de minha rede profissional estar alinhada muito mais com esse setor.

Nessa pesquisa, cinco áreas se destacaram pela participação: Produção, Recursos Humanos, Vendas, Engenharia e Qualidade.

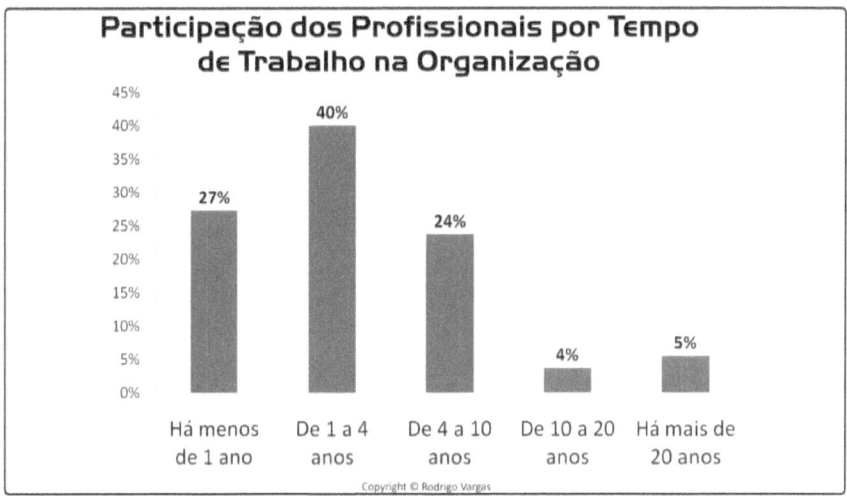

Os profissionais com 1 a 4 anos de trabalho na Organização foram maioria, com 40%, seguidos pelos novatos com menos de 1 ano, cujo percentual foi de 27%.

Os respondentes se concentraram nas Organizações com até 50 colaboradores.

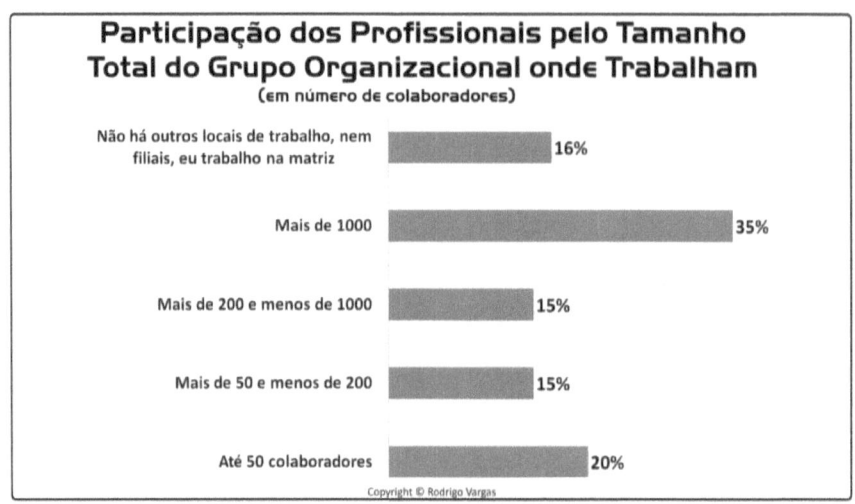

Apesar da pergunta anterior mostrar que quase a metade dos profissionais trabalhava em empresas com até 50 colaboradores, as respostas dessa pergunta, que se refere agora ao tamanho total do grupo Organizacional de que fazem parte, mostram que o número de profissionais que pertencem a grupos com mais de 1000 colaboradores é de pouco mais de um terço.

A grande maioria, 69%, trabalha em empresas com mais de 10 anos de fundação.

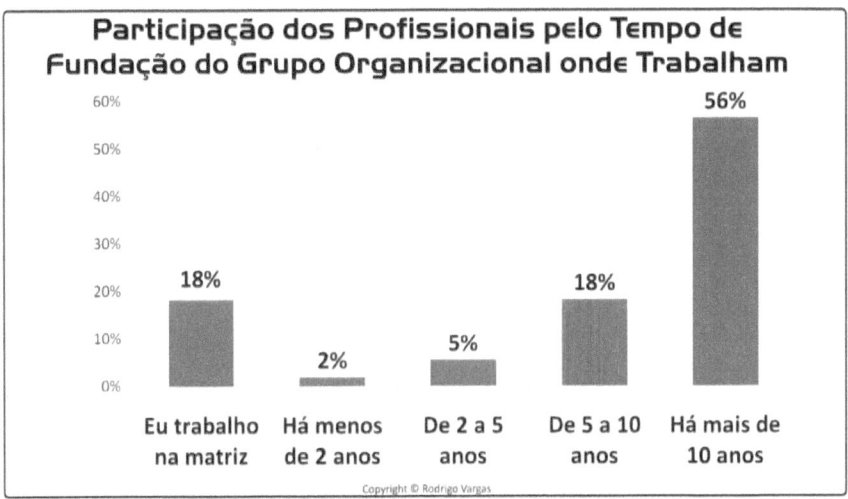

Reforçando a questão anterior, essa resposta mostra que 56% dos profissionais pertencem a grupos Organizacionais fundados há mais de 10 anos.

Respostas Diretas - Percepção

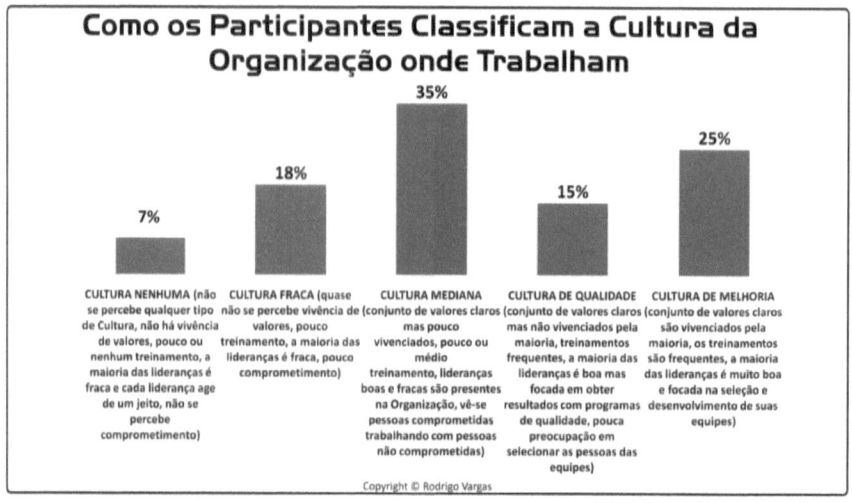

Considerando que uma Organização de ponta, que deseja criar um bom ambiente de trabalho, ser competitiva, deve buscar ter a Cultura de Melhoria, ou, pelo menos, a Cultura de Qualidade, os números dessa questão mostraram que 40% das Organizações se encontram nesse patamar. Claro que aqui temos que considerar que estamos tratando de uma percepção do profissional que respondeu à questão, mas isso não diminui o impacto de perceber que um quarto dos respondentes considerou trabalhar em Organizações com uma Cultura fraca, ou mesmo inexistente.

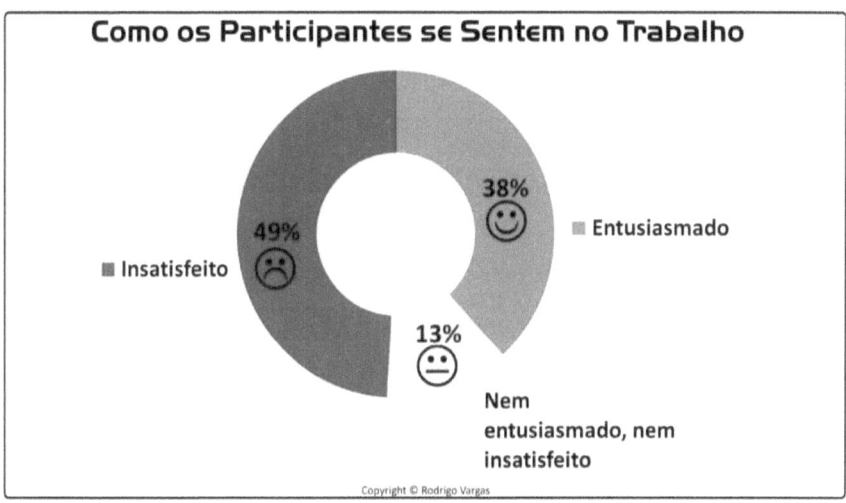

Um dos números que mais surpreende é esse que mostra que 49% dos profissionais se dizem insatisfeitos no trabalho. Na pesquisa de 2012 do GestaoIndustrial.com, sobre o Uso do E-mail nas Organizações, quando perguntamos sobre o grau de satisfação no trabalho (alto, médio, ou baixo), somente 7% indicaram um grau baixo de satisfação. Na pesquisa de 2015 do GestaoIndustrial.com, sobre o Desperdício de Tempo no Trabalho, havíamos perguntados sobre a satisfação no trabalho (entusiasmado, insatisfeito, ou nem um nem outro) e o percentual de insatisfeitos foi de 43%. Agora, essa pesquisa aponta um percentual de 49% de profissionais insatisfeitos no trabalho.

Das causas apontadas para insatisfação, insatisfação com o ambiente (22%), insatisfação com a chefia (19%), e insatisfação por falta de perspectiva/futuro (19%) foram as três maiores, antes mesmo da questão salarial (15%), que apareceu em quarto lugar. Esses números são flagrantes evidências da importância da Cultura de Melhoria, cuja essência está nas lideranças positivas (e em treinamentos), e cujo efeito está, entre outros aspectos, no ambiente de trabalho. Veja a importância da Cultura de Melhoria na retenção dos melhores profissionais!

Análise Cruzada

Uma análise cruzada é aquela que compara dois fatores da análise direta, procurando nuances e resultados ainda mais profundos na pesquisa. Por exemplo, a primeira pergunta direta do questionário era "Qual a sua idade?". No primeiro gráfico da análise cruzada podemos observar, dentre as faixas de idade dos profissionais, quais estão satisfeitos, quais não.

Na análise cruzada, adotamos reunir os aspectos de tempo e idade em apenas três faixas, para facilitar a visualização e análise. Da mesma forma, resolvemos reunir as Culturas em três faixas, eliminando qualquer confusão ou dificuldade, caso tenha havido, em definir qual o tipo de Cultura é percebido no ambiente de trabalho. Dessa forma, reunimos as Culturas boas (Cultura de Melhoria e Cultura de Qualidade) numa mesma faixa, bem como, as ruins (Cultura Fraca e Cultura Nenhuma) em outra.

Procedendo assim, percebe-se uma melhor visualização e análise de resultados mais interessante.

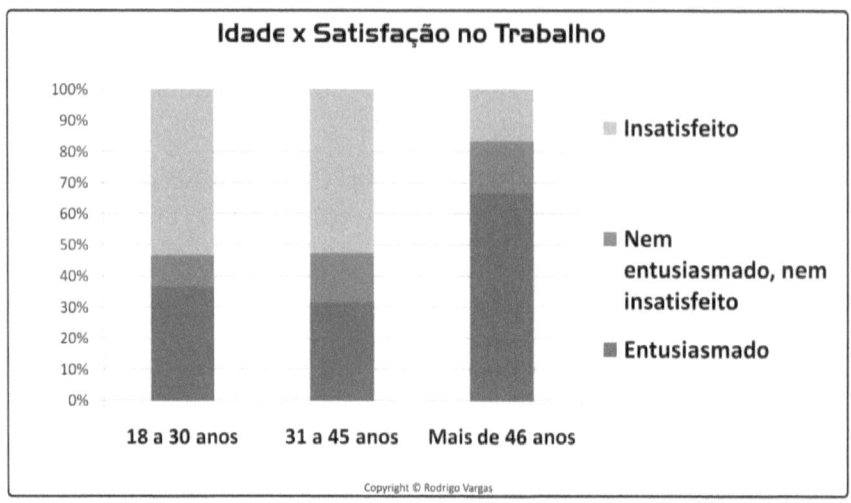

Percebemos, nesse gráfico, que o menor percentual de insatisfeitos se situa na faixa dos que tem mais de 46 anos. Seria por mais maturidade? maior realização? Nessa pesquisa não abordamos essas questões

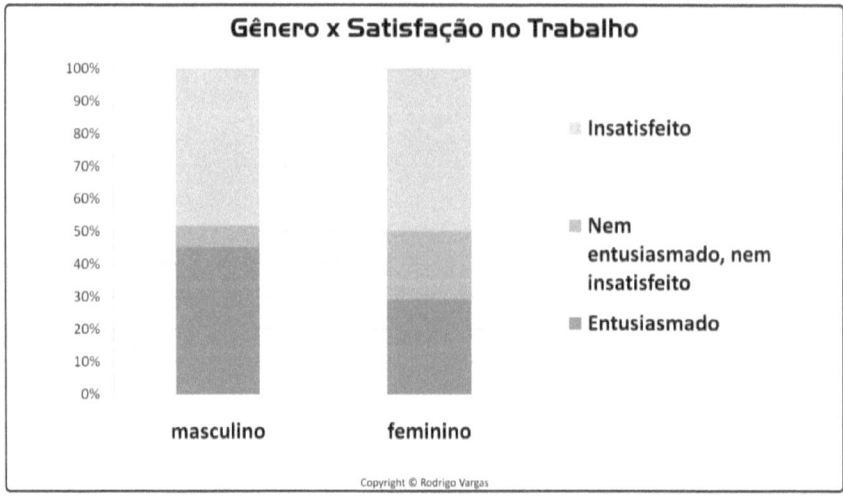

O percentual de insatisfeitos parece igualmente distribuído entre homens e mulheres, ainda que, nos homens, aparece um percentual maior de entusiasmados no trabalho.

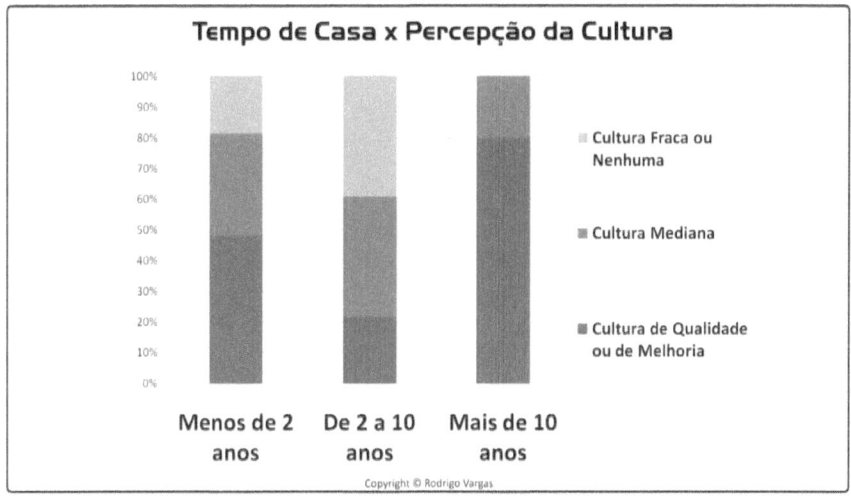

Os profissionais mais antigos de casa, bem como, os novatos, foram os que relataram melhor percepção da Cultura.

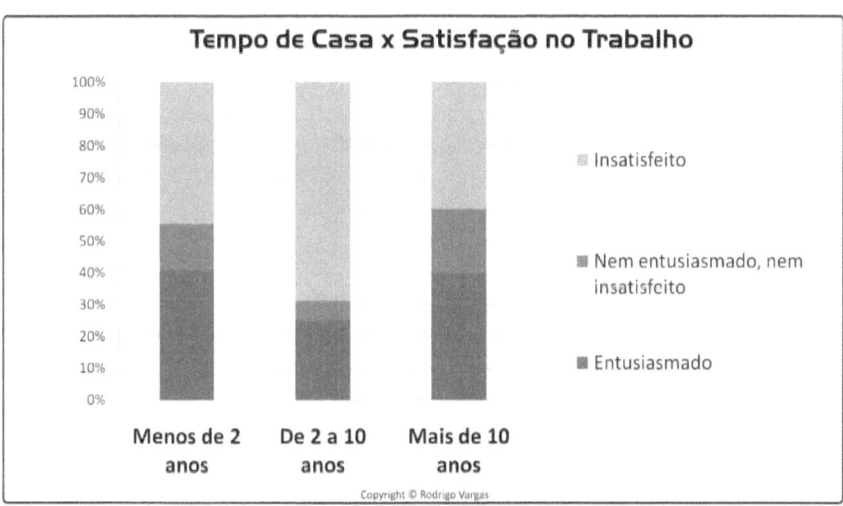

Assim como no caso da percepção da Cultura, foram os profissionais com menos tempo de casa (menos de 2 anos) e os com mais tempo (mais de 10 anos) que relataram maior satisfação no trabalho.

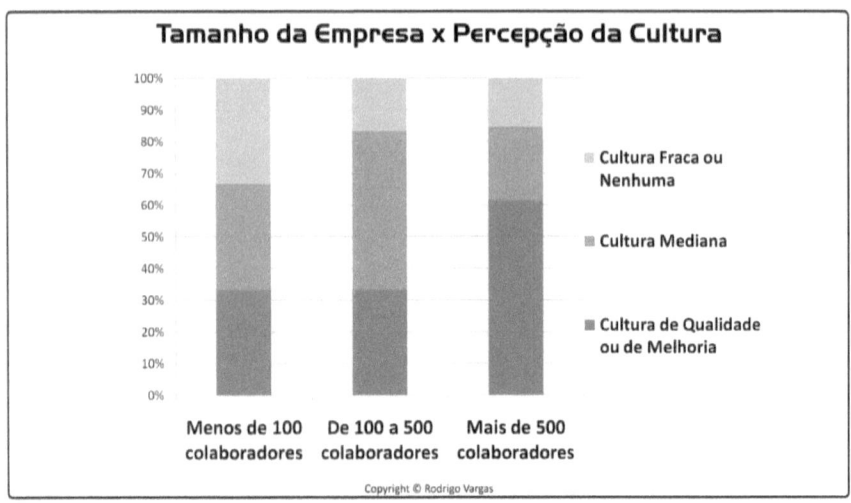

Nitidamente, os profissionais que trabalham em empresas com mais de 500 colaboradores relataram a percepção de uma Cultura melhor.

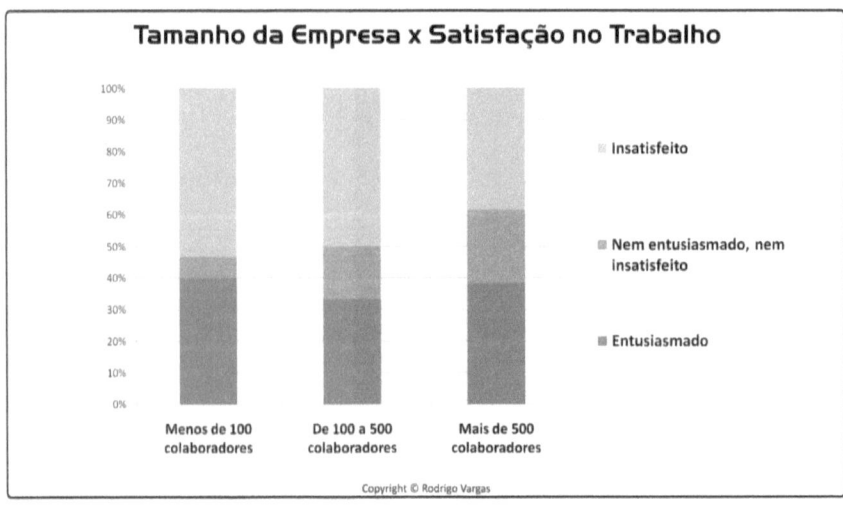

Quanto à insatisfação no trabalho, ela foi menor nas empresas maiores.

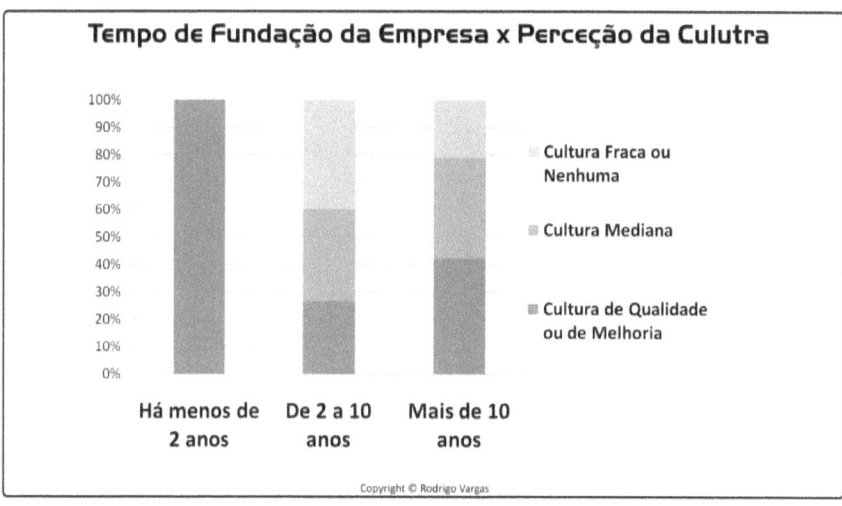

No tocante ao tempo de fundação da empresa, aquelas que tinham menos de 2 anos apresentaram uma percepção de melhor Cultura.

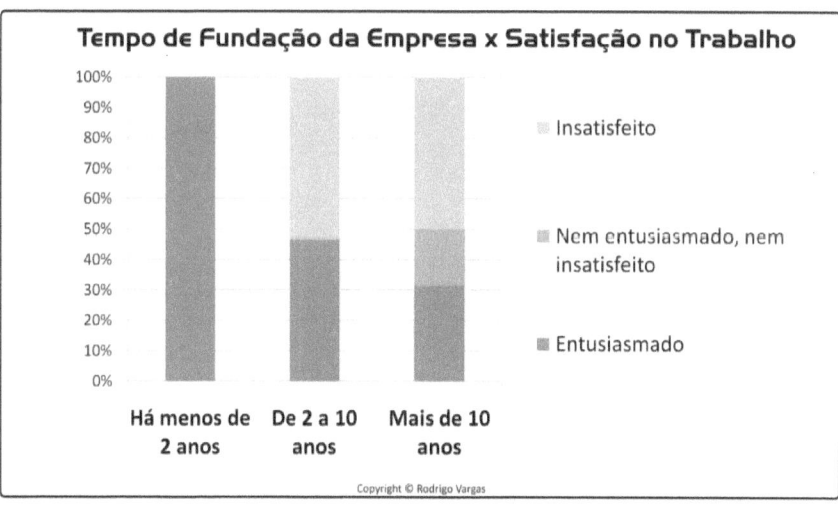

Nesse gráfico podemos ver que as empresas mais jovens apresentaram maior percentual de satisfação no trabalho.

Quando analisamos o tempo de fundação do grupo Organizacional, os resultados são muito similares aos do tempo de fundação da empresa onde o profissional trabalha.

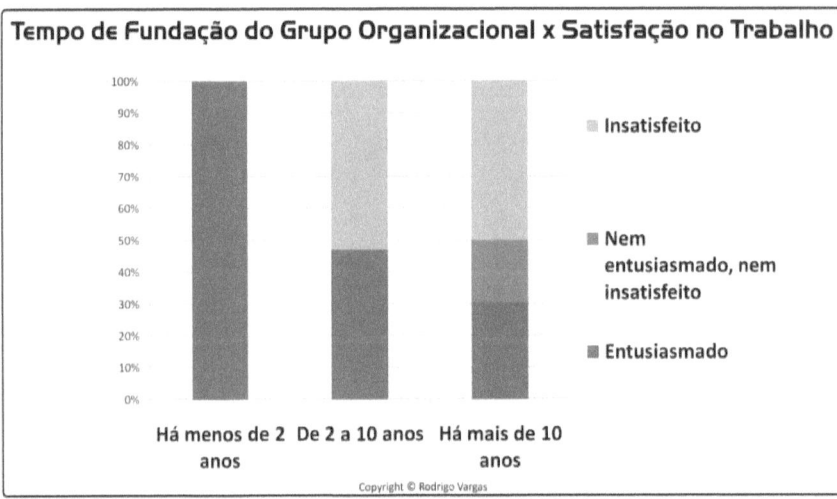

No caso da análise de tempo de fundação do grupo e a satisfação no trabalho, os resultados também são similares àqueles mostrados no gráfico de tempo de fundação da empresa (que não considerava o grupo Organizacional).

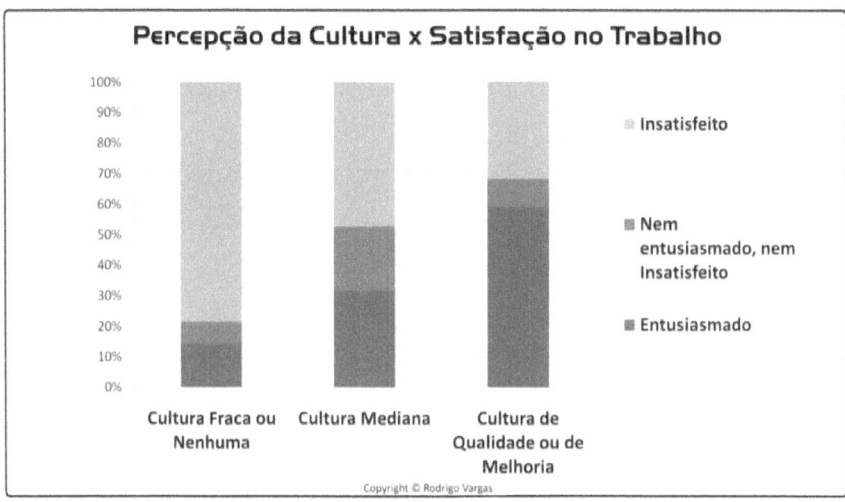

Ainda que a nossa amostragem não tenha seguido padrões científicos e, portanto, os resultados não podem ser considerados estatisticamente representativos da população como um todo, a associação que percebemos nesse gráfico entre a melhoria da Cultura e a satisfação do colaborador é, sem dúvida, muito significativa.

Lembrando que as razões para a insatisfação no trabalho estão relacionadas no último gráfico da seção das respostas diretas.

Dentre os aspectos mais relevantes dessa pesquisa, mesmo considerando suas limitações e imperfeições, cabe mencionar o seguinte:

- Metade dos profissionais se disse insatisfeita no trabalho;
- As maiores causas da insatisfação foram atribuídas ao ambiente de trabalho (22%), chefia (19%), e falta de perspectiva/futuro (19%);
- Houve uma significativa associação entre satisfação no trabalho e melhoria da percepção da Cultura.

Validação Estatística

Além da evidente correlação visual entre a percepção da Cultura e a satisfação do colaborador, eu quis ir um pouco além, validando estatisticamente essa correlação, e para isso, utilizei um software estatístico. A partir de agora, falarei um pouco de estatística (mas falarei o mínimo possível, pois o objetivo do livro não é entrar nos meandros da estatística) apenas com o objetivo de expor a validação estatística que realizei com as duas variáveis. Como essas duas variáveis são discretas (por atributos), para essa análise, eu utilizei o teste Chi-quadrado, com os seguintes dados:

NÍVEIS DE SATISFAÇÃO	CULTURAS AGRUPADAS	Nº DE RESPOSTAS
INSATISFEITO	CULTURA RUIM (NENHUMA OU FRACA)	11
INSATISFEITO	CULTURA MEDIANA	9
INSATISFEITO	CULTURA BOA (DE QUALIDADE OU DE MELHORIA)	7
NEUTRO	CULTURA RUIM (NENHUMA OU FRACA)	1
NEUTRO	CULTURA MEDIANA	4
NEUTRO	CULTURA BOA (DE QUALIDADE OU DE MELHORIA)	2
ENTUSIASMADO	CULTURA RUIM (NENHUMA OU FRACA)	2
ENTUSIASMADO	CULTURA MEDIANA	6
ENTUSIASMADO	CULTURA BOA (DE QUALIDADE OU DE MELHORIA)	13

Para eliminar possíveis distorções de entendimento sobre Cultura de Qualidade e Cultura de Melhoria, e, também, Cultura Nenhuma e Cultura Fraca, para efeito de estudo, agrupei em Cultura boa, e Cultura ruim. Pois o objetivo maior é justamente analisar o impacto de uma Cultura boa (ou ruim) tem sobre o colaborador.

A hipótese que eu queria testar era de haver correlação entre as duas variáveis (Cultura e Satisfação), ou seja, uma melhor percepção da Cultura da Organização leva a um nível maior de satisfação do colaborador. Lembrando que o *p-value* (ou valor-p) é um valor matemático que representa um nível de probabilidade para análise de hipóteses, fiz o seguinte:

Hipótese Ho: variáveis independentes
Hipótese Ha: variáveis dependentes (há correlação)
Para aceitarmos Ho o *p-value* deve ser maior ou igual a 0,05 (para um nível de confiança de 95%)
Para aceitarmos Ha o *p-value* deve ser menor que 0,05 (para um nível de confiança de 95%)
O resultado foi *p-value=0,036*, o que já validaria a hipótese Ha, ou seja, indicaria a existência de uma correlação estatística entre as duas variáveis. No entanto, o software fez a seguinte observação: "*3 cells with expected counts less than 5*", o que indicou haver necessidade de mais dados. Baseado nisso, fiz uma nova coleta de dados, através de um *popup* no GestaoIndustrial.com, no período de fevereiro a abril de 2018, fazendo apenas três perguntas, nessa ordem:

1) Na empresa onde você trabalha, você é:
a) Empregado / funcionário / contratado
b) Empregador / sócio / dono

2) Como você classifica o tipo de Cultura na empresa onde trabalha?
a) CULTURA NENHUMA (não se percebe qualquer tipo de Cultura, não há vivência de valores, pouco ou nenhum treinamento, a maioria das lideranças é fraca e cada liderança age de um jeito, não se percebe comprometimento)
b) CULTURA FRACA (quase não se percebe vivência de valores, pouco treinamento, a maioria das lideranças é fraca, pouco comprometimento)
c) CULTURA MEDIANA (conjunto de valores claros mas pouco vivenciados, pouco ou médio treinamento, lideranças boas e fracas são presentes na Organização, vê-se pessoas

comprometidas trabalhando com pessoas não comprometidas)

d) CULTURA DE QUALIDADE (conjunto de valores claros mas não vivenciados pela maioria, treinamentos frequentes, a maioria das lideranças é boa mas focada em obter resultados com programas de qualidade, pouca preocupação em selecionar as pessoas das equipes)

e) CULTURA DE MELHORIA (conjunto de valores claros são vivenciados pela maioria, os treinamentos são frequentes, a maioria das lideranças é muito boa e focada na seleção e desenvolvimento de suas equipes)

3) Como você se sente no trabalho?
a) Insatisfeito
b) Nem insatisfeito, nem satisfeito
c) Satisfeito

O resultado foi o seguinte, computadas 474 respostas:

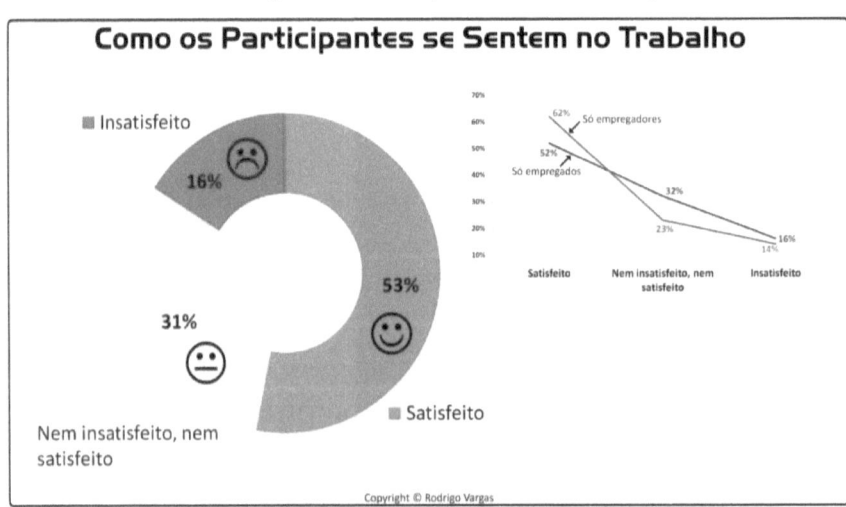

Nota-se, claramente, uma diferença entre essas respostas (2018), e as da primeira pesquisa (2017), no que diz respeito ao grau de satisfação, muito provavelmente, por conta da semântica. Na primeira pesquisa, eu utilizei a palavra "entusiasmado", e, na segunda, "satisfeito". Estar satisfeito não exige um grau de satisfação tão grande quanto estar entusiasmado, e é essa, penso eu, a razão (ou, pelo menos, a principal razão) da diferença no resultado: na primeira pesquisa computei 38% de "entusiasmados", e agora, 53% de "satisfeitos". Para testar essa hipótese, eu fiz uma coleta adicional de dados, substituindo a palavra "satisfeito", por "entusiasmado". Após 66 respostas, eu analisei o percentual e encontrei 39% de entusiasmados, contra os 53% quando a palavra era "satisfeito", indicando uma sensibilidade ao significado da palavra.

Outra observação cabível é que parece ter havido uma migração dos "insatisfeitos" para os "nem insatisfeitos, nem satisfeitos", pois, na primeira pesquisa, a fatia de "insatisfeitos" era de 49%, e os "nem entusiasmados, nem insatisfeitos" era de 13%; já na segunda pesquisa, a fatia de "insatisfeitos" foi de 16%, e a de "nem insatisfeitos, nem satisfeitos" foi de 31%. Esse fenômeno pode estar alguma coisa associado ao momento econômico do país, fazendo com que o profissional tenha um outro olhar para a oportunidade de trabalho que tem.

Além disso, nessa segunda coleta de dados, eu incluí a pergunta sobre ser "empregado" ou "empregador", e chegamos ao resultado (esperado) de que os empregadores se sentem um pouco mais satisfeitos (conforme vemos na figura anterior).

Realizei, então, o mesmo tipo de validação estatística, agora, com os novos dados:

NÍVEIS DE SATISFAÇÃO	CULTURAS AGRUPADAS	Nº DE RESPOSTAS
INSATISFEITO	CULTURA RUIM (NENHUMA OU FRACA)	46
INSATISFEITO	CULTURA MEDIANA	24
INSATISFEITO	CULTURA BOA (DE QUALIDADE OU DE MELHORIA)	6
NEUTRO	CULTURA RUIM (NENHUMA OU FRACA)	53
NEUTRO	CULTURA MEDIANA	58
NEUTRO	CULTURA BOA (DE QUALIDADE OU DE MELHORIA)	34
SATISFEITO	CULTURA RUIM (NENHUMA OU FRACA)	14
SATISFEITO	CULTURA MEDIANA	59
SATISFEITO	CULTURA BOA (DE QUALIDADE OU DE MELHORIA)	180

O teste Chi-quadrado chegou a um resultado de *p-value=0,000* o que nos indica, sem sombra de dúvida estatística, que a percepção do tipo de Cultura e a percepção do nível de satisfação do colaborador apresentam correlação, ou seja, **melhorando a Cultura Organizacional, melhora a satisfação do colaborador.**

Os Passos para a Implementação

Passo I: Decisão

O Mais Importante

O primeiro passo, e um dos mais importantes, é a decisão da alta direção da Organização em implementar a Cultura de Melhoria. Por que é um dos mais importantes? Porque deixá-la de lado ao longo de sua implementação poderá ser, além de frustrante para muita gente, uma mensagem de que a Organização não se considera vencedora, e não preza por excelência. É como querer abortar a missão após o lançamento do foguete, isso pode causar consequências imprevisíveis. No entanto, deixar o foguete seguir sua jornada resultará em grandes conquistas.

É importante ter em mente que a implementação da Cultura de Melhoria é algo de longo prazo, é um processo cíclico, que deve se repetir indefinidamente, ao longo de toda a vida da Organização. Belos frutos serão colhidos ao longo de toda a jornada, e os bons resultados poderão começar a surgir a qualquer momento.

Missão, Visão, e Valores

Nesse momento, é importante revisar (ou criar, caso não existam) missão, visão, e valores Organizacionais, pois estas definições contribuirão para dar a cara da Cultura da Organização. Vamos relembrar o que isso significa:

Missão: é a razão pela qual a Organização existe, é o seu propósito, responde à pergunta: o que faz essa Organização? A missão deve ser compreendida como a razão de ser da Organização, deve descrever o negócio da Organização, devendo ser tão objetiva quanto possível, e tão descritiva quanto necessário.

Visão: a visão deve ser entendida como a projeção de uma situação futura, determinando como a Organização quer ser reconhecida. Deve representar um projeto de longo prazo (5 a 10 anos), deve ser curta e de fácil assimilação.

Valores: são os princípios básicos e as crenças que norteiam os passos daqueles que trabalham na Organização. Devem estar baseados, em primeiro lugar, nos princípios morais. Depois, relacionam-se outros valores específicos para cada Organização. Os valores devem ser respeitados por TODOS, em TODAS as situações.

Veja que, princípios morais devem fazer parte, necessariamente, dos valores cultivados em uma Cultura de Melhoria. Falaremos mais sobre isso no capítulo sobre seleção de lideranças, detalhando a importância de praticar os valores morais e porque isso é fundamental. Outros valores devem ser relacionados, de acordo com o perfil da Organização, e de acordo com a cara que se quer dar para a Cultura. Como exemplo do que poderiam ser os valores de sua Organização, cito os seguintes:

- Faça o seu melhor (esse é um recado claro, ao invés de dizer "comprometimento")
- Prepare-se, e não tenha medo de errar (faz com que as pessoas assumam desafios, e ultrapassem seus limites, mas com racionalidade e razoabilidade)
- Não produza, e não aceite trabalho malfeito (é uma afirmação mais específica do que dizer "profissionalismo", que é o básico que se espera de todos, ou ainda, "perfeição", que passa uma ideia de inatingível)
- Aprenda e melhore constantemente (ao invés de dizer "melhoria contínua", que pode não atingir a todos, pois é um termo muito associado aos programas de qualidade)
- Faça sempre a coisa certa (é bem mais amplo e contundente do que dizer "ética" ou "ética nos negócios")

Os valores devem ser entendidos como um guia para as ações do dia a dia da Organização, ou seja, são crenças que determinam qual é o caminho certo a seguir. O ideal é que os colaboradores encontrem suporte nos valores Organizacionais, que os ajudem a nortear suas ações e decisões.

Cultura Não É um Programa

Recomendo que resista à tentação de lançar a Cultura de Melhoria como um programa, não faça alarde, deixe que os resultados falem por si próprios. Quando perguntarem se é um novo programa, a resposta deve ser "não", pois é um trabalho de longo prazo para melhorar a o ambiente da Organização, através de uma mudança de Cultura. Este trabalho deve ser entendido, simplesmente, como uma busca de um dia a dia mais eficaz, e como um trabalho para melhorar o ambiente, os processos, e os resultados da Organização.

Por que não chamar essa implantação de Programa de Melhoria? Já mostramos aqui as várias diferenças entre a Cultura de Melhoria e um Programa de Qualidade, portanto, a melhor maneira de se perceber as mudanças na Cultura da Organização é deixar que o trabalho de melhoria e mudança que se está fazendo repercuta de forma orgânica, de forma natural. Esse é um trabalho que tem início, mas não tem fim, pois ele deverá se renovar ciclicamente, e indefinidamente. Portanto, ao iniciar a implantação da Cultura de Melhoria, não anuncie que se está implantando a Cultura de Melhoria, apenas trate o assunto como parte de um grande processo de melhoria dentro da Organização.

Cronograma

Nesse momento de decisão, é importante fazer um cronograma base para que as ações subsequentes possam ser norteadas devidamente. Certo? Depende. É importante ter um certo cuidado aqui! Veja o cronograma abaixo e (sem ler o texto adiante) reflita sobre o que ele tem de errado?

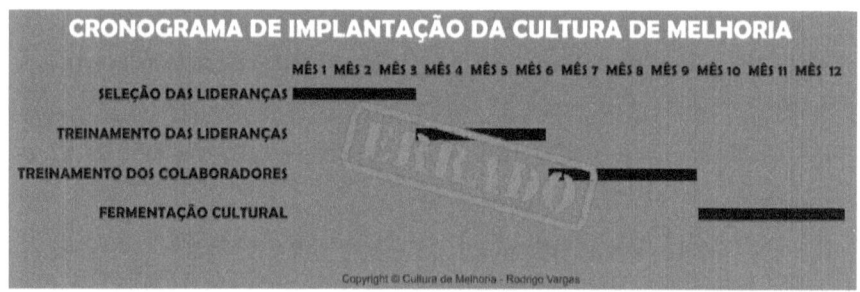

São vários os erros, e vamos entendê-los, pois isso é importante para o correto entendimento do conceito de implantação de uma Cultura de Melhoria.

Acredito que, nesse ponto, você já tenha feito suas reflexões sobre os erros do cronograma, ok? Então, vamos lá:

1. **O título**: ora, já discutimos a respeito da diferença entre implantar a Cultura de Melhoria e um Programa de Qualidade. Na implantação da Cultura não faz sentido um cronograma de "implantação" já que é um trabalho que tem início, mas não tem fim! É sutil, mas é fundamental.

2. **O período de seleção de lideranças**: não faz sentido impor um período específico para uma atividade que deve acontecer todo o tempo.

3. **Os períodos de treinamento**: os treinamentos das lideranças e dos colaboradores devem ocorrer, tanto quanto possível, ao longo do ano, constantemente. Por menos orçamento que se tenha disponível, são

várias as opções de treinamentos com custos reduzidos, principalmente por meio dos próprios colaboradores internos, que tenham condições de ensinar e compartilhar conhecimento. Isso é bastante viável, e eu já usei muito. O fato é que os treinamentos devem ocorrer ao longo do tempo.

4. **O período de fermentação cultural**: a fermentação cultural é um efeito positivo das ações em prol da implantação da nova Cultura. Representa a mudança de comportamento e de atitude dos profissionais, e isso não acontece num período específico, ocorre na medida em que se caminha na implantação da Cultura, portanto, não faz sentido criar uma etapa formal para isso, já que é um passo abstrato, na implantação da Cultura.

Isto posto, quando falarmos em um cronograma, devemos nos ater apenas aos treinamentos, e só.

Resumo

PASSO I - DECISÃO - RESUMO

☞ É preciso uma firme e verdadeira decisão em adotar a Cultura de Melhoria a partir da alta direção;

☞ Tenha em mente que a Cultura de Melhoria não é um Programa, mas sim um conjunto de valores que norteiam comportamentos, portanto, tem data de início, mas não tem data de término;

☞ Não anuncie a Cultura de Melhoria como um novo Programa de Qualidade, deixe que sua adoção e as atitudes baseadas em seus valores e competências falem por si próprio;

Copyright © Cultura de Melhoria - Rodrigo Vargas

Passo 2: Seleção das Lideranças

Por Que Começar pelas Lideranças?

A minha primeira experiência como gestor foi em uma empresa do setor automotivo. O CEO era um francês de nascimento, mas americano de vivência. Eu, nessa época, era responsável pela produção. O CEO gostava de andar pelo chão de fábrica para observar o trabalho, usando o seu jaleco da produção, que fazia questão de vestir antes de entrar na área de manufatura (só não o fazia quando estava acompanhando alguma visita de fora). Andava pelo chão de fábrica como quem anda pelo jardim da sua casa, apreciando o ambiente, mas, ao mesmo tempo, procurando ver oportunidades de melhoria. Era detalhista, lembro de uma vez que me chamou para mostrar que os paletes de madeira com nossos produtos não estavam alinhados perfeitamente. Dizia que ficava melhor, mais organizado e mais bonito quando devidamente alinhados. Era exigente, mas sabia reconhecer o bom trabalho. Aprendi com ele a valorizar o trabalho da produção, mas, ao mesmo tempo, buscar os mais elevados padrões de qualidade e organização.

Numa outra empresa onde eu trabalhei, havia uma situação bem característica do ambiente como efeito da presença da liderança. Quando eu entrava na área comercial, e isso acontecia bastante, sentia um clima bom, percebia que, em geral, havia colaboradores dispostos a ajudar e procurar soluções. Ao contrário, na área de produção, as pessoas pareciam trabalhar com medo, obter informações era, o mais das vezes, muito complicado, e, frequentemente, os processos eram executados fora do procedimento, causando vários problemas. Era muito fácil perceber a influência que cada liderança tinha em suas respectivas áreas. Cada área era um nítido reflexo da sua própria liderança. Numa das situações a influência era positiva, na outra, negativa.

Numa outra situação, eu estava liderando um processo de implantação de MRP (software que planeja os recursos de manufatura). Por conta disso, eu e alguns dos coordenadores da minha equipe, fomos visitar algumas empresas que foram bem sucedidas em processos semelhantes. Lembro de ter visitado uma empresa que fornecia peças para vários fabricantes de automóveis. Fomos recebidos pelo gerente industrial. Ao adentrar na empresa, me chamou atenção o ambiente de aparente tranquilidade, sem correria, onde cada um fazia seu trabalho de modo sereno. Ao chegar ao chão de fábrica, percebi que lá também era assim. Tudo parecia muito bem organizado e o trabalho fluia de modo natural. Naquele gerente industrial que nos recebia na fábrica, podia-se facilmente observar várias das competências de gestão bem desenvolvidas, como a comunicação, organização, liderança, e, inclusive, percebi algum alinhamento com os princípios morais, num momento em que ele relatou um determinado episódio relativo ao fornecimento de seus produtos. Saí da empresa convicto de que boa parte do bom ambiente e da Cultura que percebi era consequência da presença daquele gestor.

A questão que não podemos negligenciar, e que já vi com frequência assustadora em diversas Organizações, sejam grandes ou pequenas, nacionais ou multinacionais, é que, assim como uma boa liderança pode influenciar positivamente, ela pode, infelizmente, influenciar negativamente. E esse é o fator preponderante na criação de uma Cultura, selecionar as boas lideranças. Dá trabalho, mas vale a pena!

AS LIDERANÇAS INFLUENCIAM OS DEMAIS MEMBROS DE UMA ORGANIZAÇÃO, CONTRIBUINDO DECISIVAMENTE NA FORMAÇÃO DA SUA CULTURA.

Um interessante estudo conduzido por professores de importantes universidades americanas intitulado "How Lidership Matters: The effects of leaders' alignment on strategy implementation" (Como A Liderança É Importante: Os efeitos do alinhamento dos líderes com a implementação da estratégia) mostrou a efetividade da liderança nos resultados da Organização. Esse estudo foi realizado em uma Organização médica, onde os diversos níveis hierárquicos avaliaram aspectos da liderança, enquanto que os pacientes avaliaram aspectos de satisfação pelos serviços prestados.

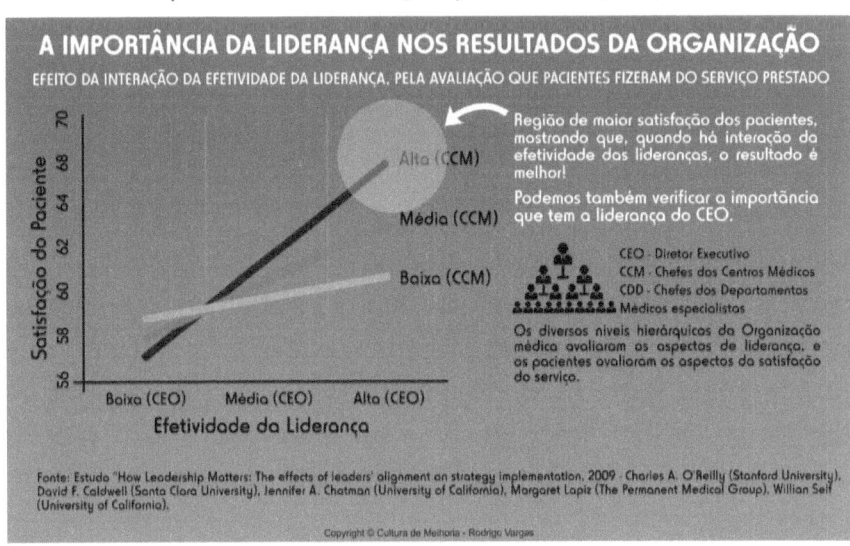

Vê-se no gráfico que, quando os diversos níveis hierárquicos da Organização avaliaram positivamente tanto o CEO, quanto os Chefes dos Centros Médicos (CCM), os resultados de satisfação dos pacientes foram os mais altos (veja no círculo demarcado no gráfico), comprovando que bons líderes são fundamentais para o resultado da Organização.

Outros estudos, entre os quais destaco o "Organizational Culture, Leadership Styles and Organizational Commitment in Turkish Logistics Industry" (Cultura Organizacional: Estilos de Liderança e Comprometimento Organizacional na Indústria Logística da Turquia), de A. Zafer Acar (Universidade Okan-Istambul); e o estudo "Relationship Between Organizational Culture, Leadership Behavior and Job Satisfaction" (Relação entre Cultura Organizacional, Comportamento das Lideranças e Satisfação no Trabalho), de Yafang Tsai (Universidade Médica Chung Shan-Taiwan), demonstraram **correlação significativa entre Liderança e Cultura Organizacional**.

Mas, mesmo sem consultar qualquer estudo científico sobre o assunto, alguém que já tenha trabalhado em uma Organização, muito provavelmente, já deve ter concluído que as lideranças tem um efeito gigantesco na criação da Cultura de uma Organização, e é extamente por isso que a implementação da Cultura de Melhoria deve se focar nas lideranças.

Segundo dados do CNJ (Conselho Nacional de Justiça), publicados pela revista Veja (jan/2018), cerca de 88% das ações de assédio sexual, em 2016, se deram na esfera trabalhista, ou seja, dentro do mundo corporativo. Uma pesquisa do portal Vagas.com ouviu quase 5 mil pessoas em todo o país e identificou que o assédio moral e sexual no ambiente de trabalho é praticado em sua grande maioria (84%) pelos chefes diretos das vítimas ou por alguém hierarquicamente superior, outro achado é que 52% dos entrevistados relataram ter sofrido algum tipo de assédio, e daqueles que tiveram coragem de relatar o fato, 74,6% afirmaram que o agressor permaneceu na empresa mesmo após a denúncia. Um estudo da consultoria ICTS analisou os dados de 140 mil denúncias (de 2009 a 2016), abrangendo 141 empresas, e concluiram que o **relacionamento interpessoal** (desvios de comportamento e práticas abusivas em geral) representaram 44,3%, seguidos por **má intenção e ilícitos** com 32,8%, e por **normas e políticas** (não-conformidades em geral) com 22,9%. E, segundo esse mesmo estudo, metade (50,6%) dos denunciados eram líderes ou gestores.

O que é fácil perceber é que os líderes e gestores, aqueles que deveriam ser exemplo, aqueles que deveriam estar zelando pelo ambiente de trabalho, aqueles que deveriam estar trabalhando em prol da Cultura Organizacional, estavam, de fato, agindo de má fé, corrompendo o sistema, ou constrangendo seus liderados. Como esperar por produtividade? Como esperar por trabalho em equipe? Como esperar por resultados? Quantas Organizações estabelecem um ótimo planejamento estratégico; definem missão, visão e valores; criam um bom plano de cargos e salários, além de várias políticas de RH; mas pecam no principal. Essas Organizações não selecionam devidamente suas lideranças, não as orientam, não as treinam, não as monitoram, e negligenciam aquilo que é um fator crítico da criação de uma Cultura Organizacional de Melhoria: suas lideranças. Ora, gestores que praticam assédio moral ou qualquer ato de má-fé, jamais conseguirão estabelecer uma relação de confiança com o seu time, condição fundamental para um bom e produtivo ambiente. Lembre-se de que, no tópico Princípios da Equipe de Alto Rendimento (capítulo Cultura de Melhoria), o respeito mútuo é um dos princípios básicos a serem seguidos por todos, quando se quer criar uma equipe vencedora, e estabelecer uma Cultura de Melhoria. Recorde, também, que falamos, no tópico Boas Sementes para uma Boa Colheita (capítulo Cultura de Melhoria), que a Cultura de uma Organização é como o terreno onde você pode semear e colher; se tiver boas sementes, colherá bons frutos, se tiver sementes ruins, colherá frutos ruins.

Portanto, se você quer melhorar os resultados de sua Organiação, através da criação de uma Cultura de Melhoria, ponha os olhos nos gestores e líderes, pois são eles que devem ser o (bom) exemplo a ser seguido dentro da

Organização, trabalhando dia a dia para construir equipes de alto rendimento!

Princípios Morais Fazem Diferença

Uma vez tomada a decisão sobre a implantação da Cultura de Melhoria, deve-se iniciar, de cima para baixo, a seleção das lideranças, um passo crucial para o sucesso da implementação. Cada liderança deve avaliar as lideranças de sua equipe, permanentemente. Isso que quer dizer que não estamos nos referindo a uma avaliação apenas para cumprir alguma diretriz do departamento de Recursos Humanos, mas sim, estamos preocupados em avaliar constantemente o comportamento e a atitude das lideranças, bem como o nível de determinadas competências (que veremos logo mais). Estamos falando de eficiência, não de meras formalidades.

Antes de iniciar a avaliação das competências de gestão propriamente ditas, minha experiência mostrou que existe um pré-requisito fundamental, que diz respeito aos princípios morais. Essa avaliação é baseada muito mais no *feeling* do avaliador, do que em qualquer outra coisa. Se algum membro de sua equipe não considerar "respeito", "caráter", e "honestidade" como o âmago de suas ações, de nada adiantarão as outras competências, simplesmente porque essa pessoa não será confiável.

Se você tiver que desligar alguém porque acredita que este colaborador não se identifica com os princípios morais, faça-o tão rapidamente quanto puder! Não tolere aqueles cujos parâmetros de conduta estejam desviados do que é certo, por isso, se acreditar que a pessoa não serve, apenas demita, é um direito e um dever de ofício como gestor renovar a equipe e experimentar outros profissionais, buscando patamares condizentes com autoridade moral.

O fato é que, quando eu pude formar equipes e utilizei o critério dos princípios morais acima de tudo, obtive ótimos resultados. Quando assumi equipes já formadas, e falhei em não substituir pessoas que não se adequavam a este critério, tive problemas.

"Para ser um bom gestor, antes de tudo, há que ter autoridade moral!"

Veja que a Toyota Motor Corporation, no seu site global, divulga os seus "Princípios Orientadores", e o primeiro deles (em tradução livre do inglês) é: "Honre a lingua e o espírito da lei de cada nação e realize atividades comerciais transparentes e justas, para ser um bom cidadão corporativo do mundo."

Ainda no website global da Toyota, podemos conhecer (em tradução livre do inglês) os "Cinco Princípios Fundamentais de Toyoda", que são uma declaração escrita do ensinamento de Sakichi Toyoda coletada e organizada por Risaburo Toyoda e Kiichiro Toyoda. Segundo o website, os Princípios foram lançados pela primeira vez em 30 de outubro de 1935, no quinto aniversário da morte de Sakichi Toyoda (pai do fundador da Toyota: Kiichiro Toyoda), e desde então, "Os Cinco Princípios Fundamentais da Toyoda" foram transmitidos a cada empresa do Grupo Toyota e servem como diretrizes de conduta para todos os funcionários. Veja o que diz o primeiro deles: "*Seja sempre fiel aos seus deveres, contribuindo assim para a empresa e para o bem geral.*"

Stephen Covey, um dos maiores gurus da gestão & liderança disse uma vez que a verdadeira liderança não é dependente de posição, mas de influência, e a influência vem da autoridade moral.

Portanto, antes de avaliar as competências dos gestores e líderes de sua equipe, avalie se eles tem a autoridade moral necessária, avalie se eles vivenciam os princípios morais: respeito, caráter e honestidade.

Autenticidade *Top-Down*

Para haver uma Cultura de Melhoria numa Organização, deve haver uma autenticidade daquilo que se faz e se diz, e que se propague de cima para baixo. Quando falamos em princípios morais, autenticidade é vital. Se uma empresa tem "ética" como um de seus valores, não pode tolerar desvios. Se uma Organização escreve uma lista de valores apenas para colocar num quadro ou no seu website, e não está preocupada em vivenciá-los, isso é, não apenas, uma perda de tempo, mas também, altamente contraproducente.

Veja essa história: A Petrobrás, gigante brasileira de economia mista, foi alvo da operação Lava a Jato, a partir de março de 2014, operação essa que apontou casos sistêmicos de corrupção na alta direção da empresa. Mas, poucos meses antes, em Outubro de 2013, no seu website, na seção "Quem Somos", e na página "Estrategia Corporativa", podia-se ver os valores da empresa, um deles, "ética e transparência". Sim, um dos maiores casos identificados de corrupção sistêmica do Brasil ocorreu numa Organização que dizia nortear-se, entre outros, pelo valor da "ética e transparência". No entanto, vários integrantes da alta direção da empresa, que faziam parte desse mega esquema de corrupção, foram presos e condenados. Imagine o desgosto e a frustração dos bons colaboradores da Petrobras. Nessa mesma operação Lava a Jato, noticiou-se o envolvimento de grandes empresas do setor privado. Essas Organizações diziam nortear-se, entre outros, pelos valores da ética, integridade, e confiança, e, como no caso da Petrobras, vários foram os integrantes da alta direção envolvidos ou presos por corrupção, e mais uma vez encontraremos desgosto e frustração nos bons colaboradores. Isso tudo, simplesmente, destrói a Cultura de uma Organização.

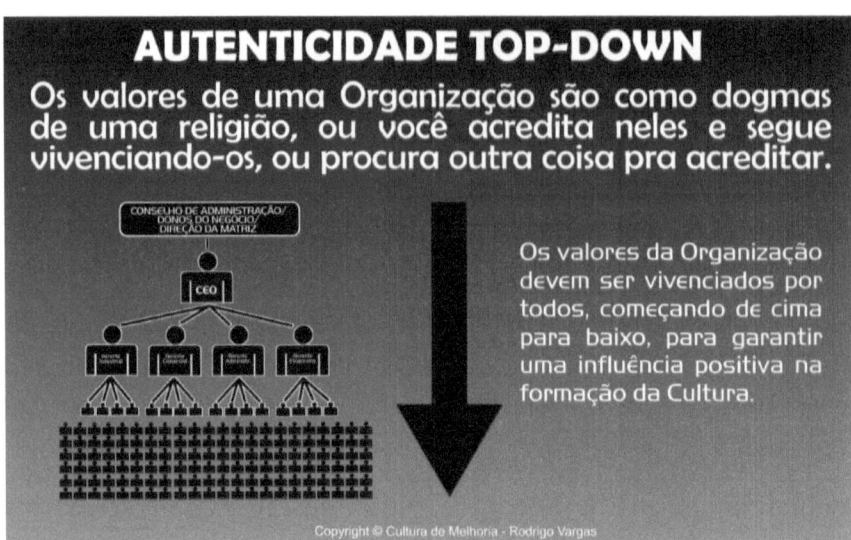

A autenticidade *top-down* significa o real comprometimento da alta direção com os princípios morais, com a ética e a integridade. É isso que vai dar sustentação a uma série de processos internos, desde a autoridade moral das lideranças, até a criação de um ambiente justo e de confiança mútua, fundamentais na criação de uma Cultura de Melhoria.

A Liderança Negativa

E quais as consequências de não valorizar a questão moral dentro de uma Organização? Os gestores que não valorizam o "respeito", o "caráter", ou a "honestidade", em pouco tempo transformma-se, dentro da Organização, naquilo que eu chamo de liderança negativa, ou seja, é aquela que, não apenas, não ajuda, como também atrapalha, criando os mais diversos tipos de embaraço. A liderança negativa é aquela que põe em risco o resultado organizacional, e que, infelizmente, dificilmente responderá a qualquer tipo de coaching ou treinamento, pelo simples fato de que não quer mudar, não quer aprender.

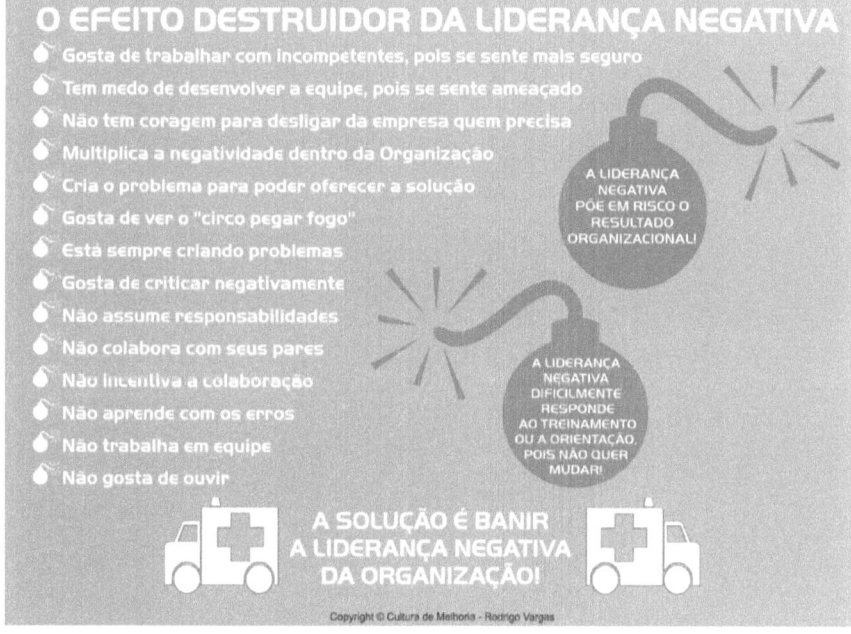

A figura anterior mostra algumas das características da liderança negativa, portanto, fique atento a elas dentro da sua Organização. Ao detectar a liderança negativa, livre-se dela o mais rápido possível. Numa determinada empresa, eu tive uma experiência desastrosa por demorar em tomar uma atitude do desligamento. Não repita esse meu erro, se estiver certo de que está de frente com uma liderança negativa na sua Organização, livre-se dela e todos os bons agradecerão, além do que, o ambiente vai respirar melhor!

Selecionando pelas Competências de Gestão

Imaginemos uma empresa fictícia, composta pelo organograma a seguir. No topo da cadeia hierárquica estão os donos, ou o conselho de administração (dependendo da estrutura e tamanho da Organização), abaixo vem o presidente, diretor geral, ou CEO. Depois a equipe gerencial, supervisores, e demais colaboradores. Esse é uma estrutura típica de uma indústria, que é minha experiência maior, mas é claro que muitas outras variações podem ocorrer. Nesse nosso caso, o conselho de administração/dono do negócio deverá, continuamente, avaliar o CEO, o CEO avaliará a sua equipe gerencial, e assim por diante.

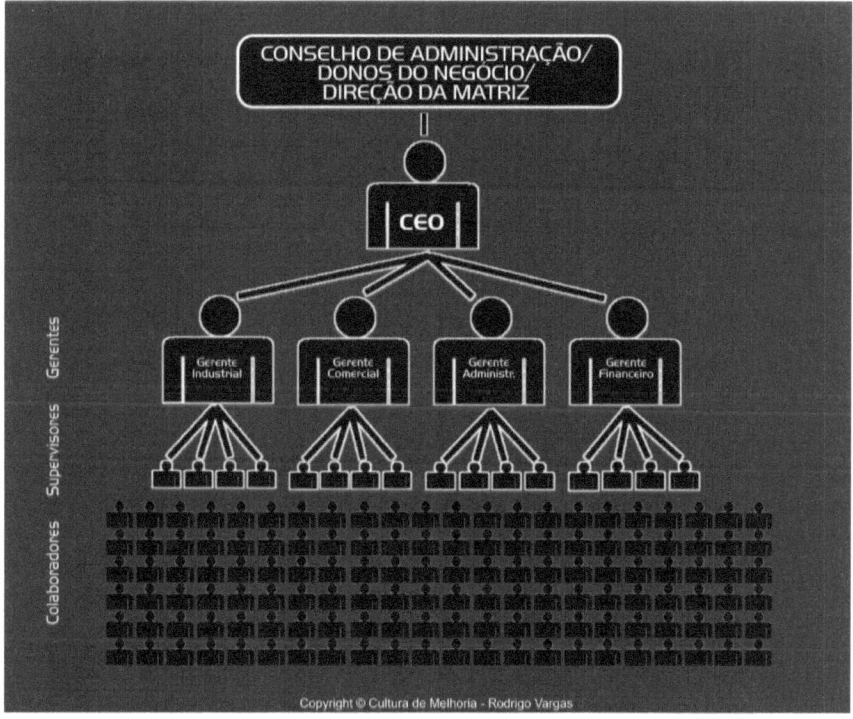

O que buscamos com essa avaliação? Simplesmente a adequação do gestor em relação às 12 competências principais de gestão, que eu chamo de competências genéricas, pois, devem aparecer em qualquer gestor ou líder, em qualquer Organização. O passo 2 da implementação da Cultura de Melhoria significa dizer que cada gestor deverá avaliar os gestores de sua equipe, e assim por diante, hierarquicamente, em relação às competências de gestão principais. Ou seja, o foco são os gestores e líderes, pois são esses, pela responsabilidade de suas funções, os colaboradores-chave, aqueles que tem um grande impacto na Cultura Organizacional.

E como é que se dá essa avaliação? É um processo formal? Ocorre uma ou duas vezes por ano? O mais importante é que essa avaliação aconteça no dia a dia, baseada no olho no olho, no desenrolar das atividades diárias, nos resultados do cotidiano. Por que não precisa ser um processo formal? Porque aqui não estamos preocupados com processos formais corporativos, ou coisas do gênero, estamos preocupados com eficiência e adequação das lideranças, estamos preocupados com a avaliação mais importante que pode ocorrer, que é aquela baseada no olho no olho, no dia a dia. Tem a ver com colaboradores que ajudam na fluidez das atividades do dia a dia, e não, as atravancam, Tem a ver com aqueles que facilitam, e não, dificultam. Tem a ver com o perfil de quem cria soluções, e não, problemas.

Mas, em determinadas situações, como, por exemplo, para propor um desafio de desenvolvimento profissional, você pode querer formalizar uma avaliação. De todas as formas de avaliação que eu já utilizei, com os mais diversos tipos de notas e graduações, a que mais contribuiu no processo de avaliação/desenvolvimento foi a de "competências boas e competências a desenvolver". Muito melhor que qualquer sistema de avaliação por notas, pois eu nunca conheci um profissional que ficasse realmente satisfeito com uma nota menor que 10. Assim é o ser humano. O fato é que ao dar notas para uma série de quesitos, você e o profissional perdem o foco. Em geral, esses processos de avaliação por notas são infrutíferos, não geram real melhoria e desenvolvimento e, não raras vezes, geram frustração. Muitas vezes, a discussão pode se perder na questão da nota em si, se deveria ser 8, ao invés de 7... Por isso, passei a adotar o método das "competências boas e competências a desenvolver", que consiste em selecionar 2 ou 3 competências em que o profissional é bom, e 1 ou 2 competências para as quais você quer que o profissional estabeleça um plano de desenvolvimento. Você enumera as competências boas, com o objetivo de que o profissional tenha consciência disso, e mantenha esse patamar; e, depois; enumera as competências a desenvolver, solicitando ao profissional um plano de ação (simples e objetivo) para promover esse desenvolvimento. Esse método, sim, é um método de avaliação que pode gerar real desenvolvimento.

As 12 principais competências de gestão em que você deve focar nas avaliações, formais ou não, são:

1. **Gestão Eficaz do Tempo**: Capacidade de identificar as prioridades e agir para executá-las.

2. **Estabelecimento de Metas**: definir os objetivos e metas a serem alcançadas é fundamental para direcionar os esforços de modo inteligente. As metas, obviamente, devem estar alinhadas com o planejamento estratégico da Organização. Eu costumo utilizar o acrônimo M.E.T.A para lembrar que as metas devem ser:
    - **M**ensuráveis: que seja possível medir
    - **E**specíficas: com valores definidos
    - **T**emporais: com prazos definidos
    - **A**tingíveis: factíveis, desafiadoras, porém, razoáveis

3. **Organização**: Capacidade de estruturar e organizar coisas, processos e pessoas.

4. **Criatividade**: Capacidade de criar ideias e novas soluções significativas.

5. **Iniciativa**: capacidade de iniciar algo.

6. **Avaliação Eficaz da Equipe:** Capacidade de avaliar as competências das pessoas e resultados, apontando os bons e os outros que tem de ser desenvolvido.

7. **Liderança**: Um conjunto de competências necessárias para um líder.

    a. **Motivar a equipe**: Sabemos que manter o ânimo da equipe elevado é condição essencial para uma equipe de alto desempenho, e que realização, recompensa e ambiente são fatores intrínsecos relacionados à motivação, assim como a confiança mútua, reconhecimento, apoio e a comemoração são fatores extrínsecos. Sejam extrínsecos ou intrínsecos, o líder deve procurar trabalhar esses fatores buscando o melhor nível possível. Por exemplo, o investimento em treinamento, além de procurar desenvolver e aumentar a competência do liderado, por si só, vai agir como fator motivador, atuando nos pilares da recompensa, realização, confiança e reconhecimento.

    b. **Demonstrar equilíbrio emocional**: O liderado precisa sentir que o seu líder é equilibrado emocionalmente, pois isso é essencial para que ele possa confiar no seu líder, e nas suas decisões ou ponderações. O equilíbrio é o ponto certo entre firmeza e flexibilidade.

c. **Ter uma visão positiva do futuro**: O líder deve criar uma perspectiva positiva do futuro e do atingimento das metas e objetivos. Nenhuma equipe vai atrás de um líder derrotado, sem confiança, que acha difícil atingir metas ou que anda cabisbaixo para lá e para cá. O líder é um agente de mudanças.

d. **Ser justo:** Isso inclui dar o exemplo. Ser coerente com seu discurso e assumir seus erros. O líder estabelece relações de confiança e transparência. Lembre-se: líder não é bonzinho! É justo acima de tudo!

e. **Iniciativa/Proatividade**: Capacidade de iniciar algo positivo, de quebrar a inércia, de buscar uma nova solução. Capacidade de se antecipar a um problema, evitando-o, ou minimizando seus efeitos.

f. **Aprender com os erros**: Esse é um comportamento fundamental que o líder deve, não apenas praticar, mas estimular seus liderados a fazerem o mesmo. Todo erro traz consigo um aprendizado. Devemos analisar o erro a fim de entender o que deve ser feito para não o repetir. É o caminho para a cultura na Organização de Aprendizagem.

g. **Ter boa comunicação**: Capacidade de ser claro e objetivo. Um bom líder não tem que falar muito, ou falar pouco, ele deve falar o suficiente. Ilustrar, ou dramatizar as ideias quando for preciso, também é um recurso a ser utilizado para a boa compreensão da comunicação. Tenha certeza de ser entendido, e, para isso, faça perguntas. Saiba argumentar, baseie-se em fatos e dados, estatísticas, exemplos, e outras experiências.

    h. **Foco em Resultados**: Capacidade de entender a importância dos resultados dos processos, e ter determinação em buscá-los.

    i. **Saber tomar as decisões difíceis e assumir riscos**: Atravessar a rua tem risco, ficar em casa tem risco, liderar uma equipe e tomar decisões também envolve risco. Você deve estar preparado para assumir riscos, tomando as decisões que lhe cabem. Mas lembre-se: você deve obter as informações necessárias para justificar o que está fazendo. Decisões acertadas são baseadas em princípios morais, justiça, e maior benefício.

    j. **Criatividade**: Capacidade de criar ideias e novas soluções significativas. Capacidade de encontrar soluções mesmo em ambiente desfavorável, mesmo com poucos recursos.

8. **Visão Geral dos Processos Organizacionais**: Capacidade de compreensão dos principais processos da organização na visão macro.

9. **Vista Detalhada dos Processos Gerenciados**: Capacidade de compreensão em detalhes dos processos gerenciados.

10. **Planejamento**: Capacidade para projetar ações futuras.

11. **Melhoria Contínua**: Capacidade para encontrar maneiras de manter continuamente a melhoria e o desenvolvimento dos processos e das pessoas.

12. **Análise Crítica**: Capacidade de compreensão e julgamento de coisas e situações.

Sem dúvida alguma, a seleção dos gestores e líderes de uma Organização, seja ela já existente, ou em formação, é uma das etapas mais críticas. Mas, lembre-se do que já dissemos, esse trabalho deve ser feito continuamente, ele tem começo, mas nunca tem fim.

Algumas Recomendações para o Processo de Contratação

Um aspecto essencial da seleção das lideranças é o de, efetivamente, substituir uma liderança fraca por uma liderança positiva. E esse processo, seja através do RH da sua Organização, seja através de uma empresa de seleção terceirizada, deve ser acompanhado de perto por você. Para a seleção do melhor candidato, relacione claramente os requisitos de experiência de trabalho, educação (graduação, pós-graduação, certificações, etc.) e as principais competências (dentre as 12, escolha as 5 mais importantes no contexto da vaga). Quando você receber os currículos pré-selecionados, considere focar nos requisitos que você relacionou, e procure ter certeza de que, na medida do que seja possível verificar, eles sejam preenchidos. Recomendo selecionar 3 ou 4 candidatos para a fase das entrevistas.

Além da entrevista, é claro que as referências de outros profissionais são importantes, desde que possam ser validadas, ou seja, o profissional que estiver dando uma determinada referência de algum candidato deve ser conhecido e ter qualificação moral, caso contrário, você poderá ser enganado. Outra fonte de informações que tem se mostrado cada vez mais em voga é a que vem das redes sociais. Segundo uma pesquisa do portal Jobvite (plataforma online de recrutamento e seleção), o percentual de pessoas/empresas que usam redes sociais ou mídias sociais para apoiar seus esforços de recrutamento saltaram de 78% em 2008, para 89% em 2011, e depois 94% em 2013.

Em algumas Organizações, utilizei com bons resultados, a estratégia de convidar um colega com boa experiência e *feeling* para também entrevistar meu candidato. Em algumas situações fizemos as entrevistas juntos, em outras o candidato foi entrevistado pelo meu colega, e por mim, separadamente. Particularmente, prefiro a segunda opção. Para enriquecer a entrevista e fornecer elementos para análise peça que o candidato realize alguma tarefa. Quando o pessoal de RH ia marcar a entrevista, eu pedia que avisasse o candidato que deveria produzir um fluxograma de algum processo relativo ao escopo da vaga, de próprio punho. Isso serve para ver se o candidato cumprirá a demanda conforme solicitado, pois no dia a dia, é disso que você precisa. Você verá que, alguns candidatos, ainda que se tenha solicitado "de próprio punho", apresentarão uma cópia da internet, demonstrando claramente o pouco caso com a oportunidade em questão. E, para com um candidato como esse, não perca muito de seu tempo, pois não é dele que você precisa. Para o candidato que cumpriu o requerido, pergunte sobre o fluxograma para observar o conhecimento que ele tem sobre o processo, e como ele se expressa para esclarecer o assunto. É interessante fazer isso logo após você fazer uma introdução, apresentando você, a empresa, e a vaga.

No momento da entrevista, lembre-se de que é o candidato quem deve falar mais, portanto, deixe-o falar! Afinal, o passado é rico em informações para descrever uma pessoa. Existem perguntas que você pode fazer aos candidatos, algumas das quais eu já utilizei bastante, que vão ajudar no processo de entendimento, conhecimento, e descobrimento do candidato. Apenas para efeito didático, separei algumas perguntas que, em geral, esclarecem mais sobre aspectos relativos aos valores morais, e outras, aos aspectos profissionais em geral, mas, é claro que todas elas vão acabar falando um pouco sobre os dois aspectos.

Perguntas mais voltadas aos aspectos éticos e morais:

1. Conte sobre uma situação de conflito com uma chefia, ou algum membro da alta direção da empresa (ou mesmo um cliente), e como você fez para tratar a situação?

   Tente entender quais aspectos de valores foram envolvidos. Observe atentamente o que estava em jogo, e quais soluções foram adotadas. Não é raro haver conflito de valores entre um colaborador e sua chefia, e é nessa situação que se pode identificar a convicção e a habilidade para se tratar isso. Segundo Chuck Leddy, especialista em comunicação em negócios, esse tipo de pergunta permite entender como o candidato trata a questão de conflito contra autoridade, e, um bom candidato, nesse tipo de situação, deveria demonstrar maturidade emocional e profissionalismo.

2. Como ser um indivíduo ético difere de ser uma empresa ética?

   Segundo Nan DeMars, autora de "You've Got to be Kidding – How to Keep Your Job Without Losing Your Integrity", nesse tipo de pergunta, se espera uma resposta simples como "nada". Não há, basicamente, diferença, pois valores morais (como respeito, caráter e honestidade) devem ser vividos pelo indivíduo, bem como, pela empresa, como entidade.

3. Descreva uma situação em que você foi desafiado eticamente?

   Tim Mazur, professor de ética nos negócios da Universidade de Wyoming diz para não confiar num candidato que nunca enfrentou um desafio ético no ambiente de trabalho. Ele dá um exemplo do que um candidato ideal poderia dizer algo como: "Eu fazia parte de uma equipe de propostas comerciais de um projeto, e o pessoal de marketing queria inserir um texto que exagerava o que estávamos fazendo. Eu argumentei, mas fui vencido, aí, deixei aquele projeto." Isso é apenas um exemplo, o importante é que o candidato demonstre uma situação que tenha vivido, mostrando que se posiciona em favor da ética, ainda que tenha que confrontar interesses de hierarquia superior.

4. O que você gosta de fazer nas horas de folga?

   Com essa pergunta, você poderá perceber um pouco de quem é a pessoa que está na sua frente, sem manto do profissional. Explore perguntando ao candidato o que ele fez no último final de semana, ou no anterior, para verificar a coerência com as preferências dadas. Pergunte por que ele tem essas preferências? Pergunte desde quando ele tem essas preferências? Pergunte como era no seu tempo de criança, ou juventude? O que mudou? Por que mudou?

5. Descreva uma situação em que você cometeu um erro no exercício da profissão, e o que você fez para corrigi-lo?

   É uma pergunta direta e objetiva, busca-se, primeiro ver a sinceridade do candidato, pois todos nós cometemos algum erro, o importante é sempre a forma como lidamos com ele, e o queremos aqui é justamente conhecer esse aspecto. Desconfie se o candidato disser que nunca errou, pois isso não é factível.

6. O que você menos gostava no seu último chefe?

   Essa pergunta já me foi feita uma vez, no início de minha carreira. Na verdade, o que se espera é uma resposta, acima de tudo, ética, e sempre num tom positivo. Não é para falar mal de ninguém, se o candidato gostava de seu chefe, ele poderá dizer isso e citar uma ou outra competência que admirava; se ele não gostava do chefe, espera-se, não que ele enumere pontos fracos do chefe, nem que vá mentir e inventar, mas que ele diga, simplesmente, que o seu chefe, assim como todo mundo, tinha competências para serem desenvolvidas, mas que não vem ao caso comentar, e que o candidato prefere focar no fato de que sempre teve habilidade para tratar com os vários perfis comportamentais. Aqui é importante observar a forma com que o candidato vai usar para responder, pois a última coisa que se quer ouvir é um punhado de lamentações. O que se espera é uma forma ética, madura e positiva de se abordar esse delicado tema.

Perguntas mais voltadas aos aspectos profissionais:

1. Cite duas competências fortes, e uma que você precisa desenvolver?

   Observe atentamente o candidato, e a coerência na resposta. Observe se o candidato será autêntico no quesito competência a desenvolver, ou se apenas falará algo para mascarar a resposta. Peça, após a resposta, que ele exemplifique com uma situação que valide o porquê dessa competência precisar ser desenvolvida.

2. O que vou ouvir se ligar para seu último trabalho perguntando sobre você?

   Olhe nos olhos do candidato e observe com que naturalidade ele vai responder. Explore a resposta, perguntando "por quê?", ou, "explique melhor", para observar a lógica e a conexão de seu relato.

3. Quais são os adjetivos que seriam utilizados pelos seus antigos colegas de trabalho para descrever você?

   Uma oportunidade para ver o seu comportamento diante da necessidade de relatar o feedback de seus antigos colegas. Pergunte em que situações ele percebeu isso? Pergunte sobre a percepção de seus liderados, o que eles diziam, que tipo de feedback o candidato recebeu de seus antigos liderados?

4. Conte sobre uma situação difícil/desafiadora que você enfrentou no trabalho, e o que você fez para solucioná-la?

   Atente ao grau de dificuldade da situação a que ele vai se referir, bem como ao tipo de solução encontrada. Observe quais foram as habilidades demonstradas de solução de problemas.

5. Quais foram as suas maiores realizações profissionais?

   É importante conhecer as maiores realizações do candidato, e em que contexto ocorreram.

Essas são algumas sugestões de questionamentos que você pode fazer ao candidato. Além disso, outra forma de você testar o candidato é emendar 2 ou 3 perguntas (não necessariamente essas que eu relacionei) para observar se o candidato se lembrará de respondê-las, todas, e na sequência. Outra coisa, em alguma das perguntas, você pode pedir que ele fale em um determinado período específico, 3 ou 5 minutos, para observar o seu poder de síntese e efetividade na comunicação, por exemplo: "Fale em 3 minutos sobre seu histórico educacional?"

Lembre-se de ter papel e caneta em mãos, durante a entrevista, para anotar as suas observações sobre o candidato, porque depois você as esquecerá. Não se preocupe de anotar coisas enquanto o candidato fala, pois ele sabe que está ali para ser avaliado, e, com o passar do tempo, ele ficará acostumado com isso.

12 RECOMENDAÇÕES AO PROCESSO DE CONTRATAÇÃO

1 - Defina os requisitos: experiência, educação e competências;
2 - Na análise dos currículos, foque nos requisitos;
3 - Selecione 3 ou 4 candidatos para as entrevistas;
4 - Convide alguém mais capacitado para também entrevistar;
5 - Peça que o candidato realize alguma tarefa prévia a entrevista;
6 - Inicie a entrevista apresentando-se, e falando brevemente sobre a empresa e a vaga;
7 - Durante a entrevista, lembre-se, é o candidato que deve falar;
8 - Faça algumas perguntas específicas a todos os candidatos, que lhe permitam uma análise comparativa;
9 - Emende 2 ou 3 perguntas em sequência;
10 - Dê um determinado tempo (3 ou 5 min., por ex.) para que o candidato fale sobre um assunto específico;
11 - Tenha um papel em mãos para fazer anotações relevantes;
12 - Após as entrevistas, peça opinião dos outros entrevistadores, mas tome você a decisão.

Copyright © Cultura de Melhoria - Rodrigo Vargas

Antes da tomada de decisão, você deve ouvir a opinião daqueles que tiveram contato com os candidatos e os entrevistaram, sejam seus colegas, ou o pessoal de RH, porém, no fim, a decisão deverá ser sua!

A Principal Função dos Gestores

Quem já não ouviu essa história: um excelente especialista em determinada função, e por ser antigo de casa, foi alçado a posição de gestor de equipe. E por não ter as competências necessárias, perdeu-se um excelente especialista, e ganhou-se um péssimo líder. Isso não é raro! E de quem é a culpa? Do especialista, que aceitou o desafio, ou do seu líder, que não soube identificar nele a falta das competências de gestão, selecionando desastrosamente esse colaborador?

Uma das principais funções do gestor é saber escalar o seu time, exatamente como um técnico de uma equipe de futebol. Portanto, você não dará uma função de gestão ou de liderança a alguém como um presente, para que ele tenha um salário maior, ou para que ele mude sua função, ou, simplesmente, porque o colaborador insistiu muito. A função do gestor é identificar as competências principais de gestão em um colaborador, para que ele inicie, ou seja mantido, na função de gestor. Claro que ninguém é perfeito, algumas competências podem precisar de mais desenvolvimento que outras, isso é natural. Mas há que ter a condição básica de assumir um cargo de gestão, com o mínimo necessário do conjunto das competências. É aí que entra o olho crítico de um bom gestor, em saber avaliar a sua equipe, e quem da sua equipe pode assumir cargos de gestão, e quem não, quem pode assumir mais responsabilidade, e quem não. Afinal, em geral, a equipe é formada de alguns gestores e vários colaboradores, e, para que os treinamentos que forem feitos possam ser bem aproveitados, é preciso ter uma equipe bem afinada, bem definida, bem escolhida, e harmoniosa.

> O treinamento só traz resultados efetivos se forem feitos com as pessoas certas, nas posições certas.
>
> Daí a importância dos gestores e líderes da Organização, escalando o time certo!

A outra grande função do gestor é justamente trabalhar na implementação da Cultura de Melhoria, vivenciando no dia a dia os princípios morais e as 12 competências pricipais que já mencionamos (voltaremos a falar mais logo à frente).

FUNÇÃO PRINCIPAL DOS GESTORES

Exatamente como o técnico de um time de futebol, o gestor (ou líder) da Organização tem como suas principais atribuições:

Escalar sua equipe: selecionar, desenvolver, e desafiar os membros da equipe de forma permanente, substituindo aqueles de baixo desempenho e baixo potencial.

Implementar Cultura: trabalhar em favor da criação e/ou disseminação da Cultura da Organização.

Se Não Fizer Isto, Deixe de Ser Gestor

Como já vimos, selecionar sua equipe é uma das tarefas mais importantes de um gestor. Eu já vi muitos gestores conviverem com trabalho medíocre, mantendo pessoas em suas equipes que não colaboravam, que não respeitavam o colega, que não trabalhavam em equipe, que não queriam mudar, que não queriam melhorar. Esse pseudo gestor deve buscar fazer outra coisa na vida, que não seja gestão de equipes. E o seu chefe, o gestor desse gestor, também, porque ele acaba sendo conivente, aceitando um mau gestor em sua equipe.

Espera-se de um bom gestor que ele tenha esse *feeling* apurado para identificar quem não tem, nem bom desempenho, nem potencial para se explorar; pois essa pessoa deve ser substituída, caso contrário, a Cultura da Organzição jamais será de Melhoria. **Onde se convive com trabalho de baixa qualidade, não há Cultura de Melhoria.**

Resumo

PASSO 2 - SELEÇÃO DAS LIDERANÇAS - RESUMO

☞ Passo fundamental em busca da Cultura de Melhoria;

☞ A seleção das lideranças é um processo em cadeia, de cima para baixo; onde cada gestor seleciona (avalia, mantém ou substitui) os gestores subordinados a ele;

☞ Antes de mais nada, devem-se considerar os princípios morais, pois um bom gestor tem que ter autoridade moral; depois, avaliam-se as 12 competências principais de gestão;

☞ Atente ao fato de que as competências de gestão podem ser desenvolvidas muito (mas muito mesmo!) mais facilmente que os princípios morais;

☞ A melhor avaliação é aquela do dia-a-dia, olho no olho, quando você percebe quem cria solução e quem cria problema;

☞ Substitua as lideranças fracas por lideranças positivas e eficazes;

☞ Ao buscar um novo gestor, siga as 12 recomendações ao processo de contratação;

Passo 3: Treinamento das Lideranças

Princípios Morais

Precisamos focar nas lideranças e treiná-las adequadamente. Por que focar nas lideranças? Isso é mais ou menos como aquele aviso que é dado pelo comissário, antes de iniciar o voo: se houver despressurização, antes de colocar a máscara em alguém, coloque-a em você mesmo, só assim poderá ajudar os outros. De forma análoga, em uma Organização, é de fundamental importância focar nos gestores.

Devemos reforçar, nos treinamentos, os valores morais (respeito, caráter e honestidade) que se precisa ter num ambiente de Cultura de Melhoria, mostrando que não apenas as lideranças da Organização precisam vive-los no dia a dia, mas que é preciso que todos os integrantes de suas equipes também o façam; e esse monitoramento é função das próprias lideranças. O momento do treinamento é uma excelente oportunidade para que a Organização reforce sua postura a favor do ambiente com respeito, caráter e honestidade, e que todos, sem exceção, devem viver esses princípios.

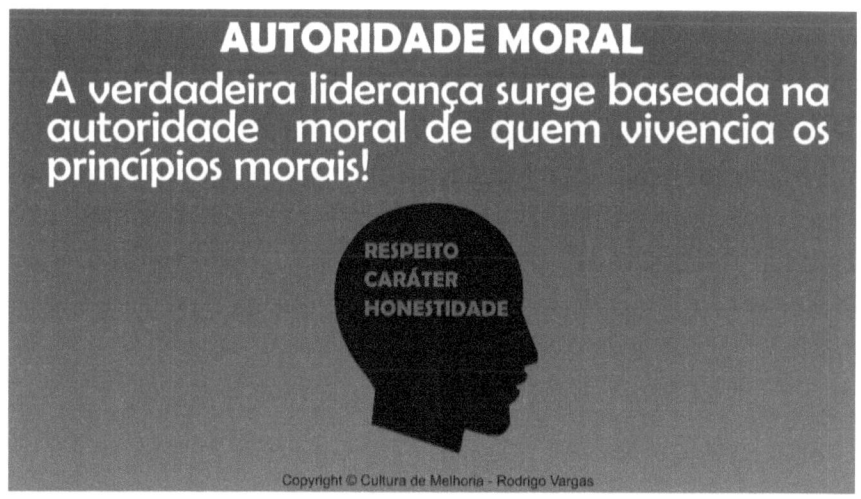

As 12 Competências dos Gestores

Como já dissemos, as 12 principais competências que um gestor deve ter, são: gestão do tempo, estabelecimento de metas, organização/autodisciplina, delegação de poderes, avaliação eficaz da equipe, desenvolvimento de competências, liderança, análise crítica, melhoria contínua, planejamento, visão detalhada dos processos que administra, e visão geral dos processos da Organização.

Devemos programar, então, treinamentos para reforçar essas 12 competências dos gestores, focando, obviamente, nas maiores deficiências. Portanto, muito provavelmente, não haverá necessidade de se programar treinamentos para desenvolver todas as 12 competências num mesmo momento, ainda que se possa fazê-lo.

Um Pouco de Percepção

Eu fiz um pequeno estudo sobre a importância dada a essas competências, através de uma enquete colocada no GestaoIndustrial.com. Foram relacionadas as 12 competências do gestor, e perguntado qual delas era considerada a mais importante. A enquete foi colocada em dois períodos, de 14/03/2017 a 28/04/2017 (com 71 respostas), e de 30/05/2017 a 20/09/2017 (com 179 respostas). Podemos ver os resultados na figura a seguir.

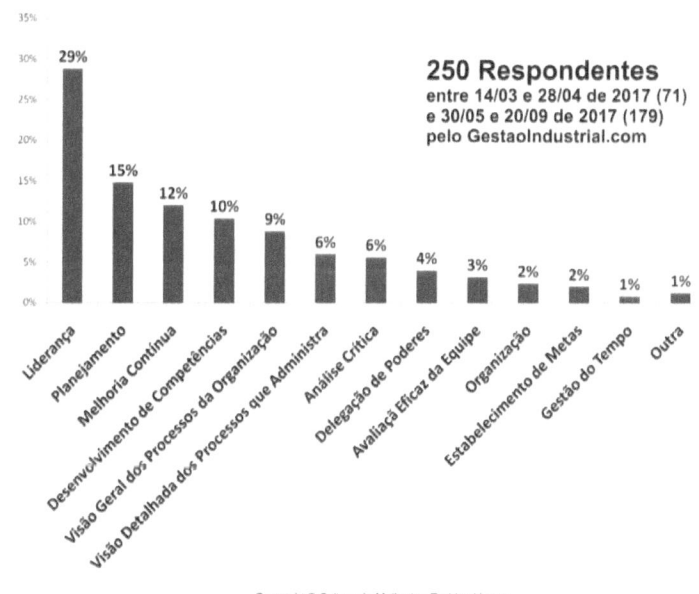

Fazendo uma rápida análise crítica das respostas, observamos alguns pontos interessantes:

- Percebemos uma dominância da competência de "liderança", o que é fácil de entender, devido a dois pontos, primeiro, que a liderança ainda é tida por muitos, não como uma competência que pode ser desenvolvida, mas, sim, como um superpoder; e o segundo ponto é que, sem dúvida, ela é uma

competência bastante densa e vital na função de gestão;
- Observamos, no gráfico, um desequilíbrio muito grande entre a primeira metade das competências, e a segunda. Eu, particularmente, esperava um equilíbrio maior na votação, excetuando-se "liderança";
- Percebemos, também, que "Delegação de poderes" teve pouca votação, isso, talvez, porque ainda sejamos muito centralizadores, e ainda não tenhamos entendido a importância (e a necessidade) da descentralização do poder para uma boa gestão;
- Observamos que "Avaliação eficaz da equipe", um dos pontos cruciais deste livro (pois é o passo1, seleção das lideranças), também teve baixíssima votação e, nesse caso, isso pode até estar relacionado com a tendência, nos últimos 20 anos, de se fazer os processos de avaliações formais por métodos corporativos, quase sempre, por notas ou coisa que o valha, e que, pela minha visão, são tratados mais como uma tarefa a ser cumprida, do que uma ferramenta de melhoria da equipe.;
- As competências de "organização", "estabelecimento de metas", e "gestão do tempo" também surpreenderam pela baixa votação. Aqui também podemos inferir que a baixa votação esteja atrelada a pouca aplicação prática dessas competências no dia a dia das Organizações, ou ainda, que, embora utilizadas, se esteja fazendo de modo equivocado, causando a percepção de pouca importância ou ineficácia;

Lembro que houve um perfil similar das respostas, tanto na primeira, quanto na segunda fase da enquete. É claro que esses resultados podem variar de tempos em tempos, mas não deixa de ser um retrato interessante. Outro ponto importante a comentar é que, através de outra enquete, anterior a esta, eu já havia mapeado o perfil do público do GestaoIndustrial.com, que mostrou que um terço das visitas ao portal é de gestores.

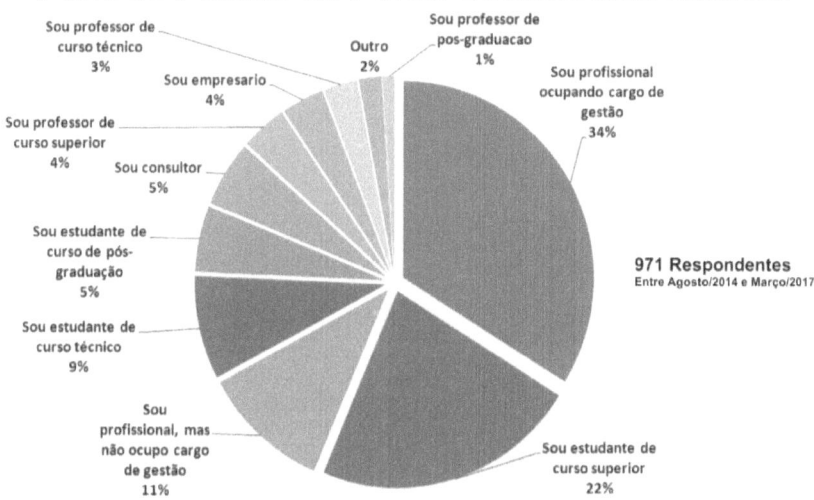

O que percebemos na enquete sobre as competências é que, talvez, nas Organizações em geral, não esteja sendo dada a devida importância para todas as competências principais dos gestores, e aí, pode-se concluir, existe uma clara oportunidade de melhoria ao desenvolvê-las.

Resumo

PASSO 3 - TREINAMENTO DAS LIDERANÇAS - RESUMO

☞ Focar treinamentos nos valores morais, reforçando a importância da autoridade moral para a liderança;

☞ Treinar as 12 principais competências do gestor, focando, obviamente, nas maiores necessidades da Organização;

☞ Orientação a todas as lideranças sobre o seu papel de protagonistas na implantação da Cultura de Melhoria;

Passo 4: Treinamento dos Colaboradores

Por Que Treinar?

O treinamento melhora tanto os aspectos subjetivos, quanto os aspectos objetivos que ajudarão na formação da Cultura da Organização. Alguns dos aspectos subjetivos que impactam positivamente no colaborador, são: mostrar que a Organização o valoriza, promover sua autoestima, aumentar seu comprometimento e motivação, e, é claro, promover conhecimento e inovação. Quanto aos aspectos objetivos, podemos perceber: aumento na habilidade para executar uma tarefa, aumento da segurança, aumento na eficiência, melhoria dos padrões de qualidade, aumento da retenção e diminuição do absenteísmo.

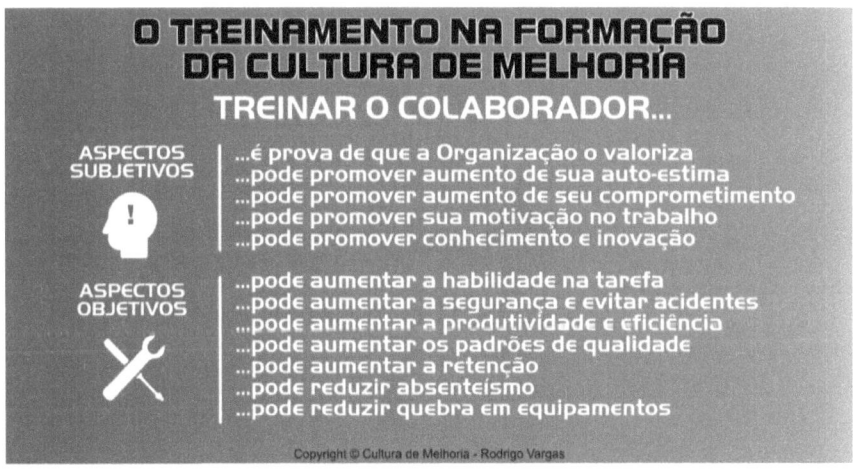

Quando proporcionamos treinamento aos colaboradores, estamos caminhando, através dos aspectos objetivos e subjetivos, na formação da Cultura de Melhoria.

Retorno do Investimento em Treinamento

Muito se questiona nas Organizações sobre o retorno do investimento em treinamento, ou seja, se vale a pena investir em treinamento. A Sociedade Americana de Treinamento e Desenvolvimento (hoje chamada de Associação para o Desenvolvimento de Talentos) fez um sofisticado estudo estatístico com os dados de 575 empresas americanas nos anos de 96, 97 e 98, e encontrou uma correlação entre o aumento médio de 680 dólares aplicados em treinamento por colaborador, e o aumento médio de 6% de retorno aos acionistas no ano seguinte. Ainda nessa pesquisa, a metade das empresas que mais investiu em treinamento deu um retorno médio de 36,9% aos acionistas no ano seguinte.

Em 2013 foi publicado nos Estados Unidos um artigo intitulado "A Well-Educated Workforce Is Key to State Prosperity" (Uma força de trabalho bem-educada é chave para a prosperidade do Estado), mostrando que o aumento de adultos com o *college* (ensino de faculdade) estava relacionado ao aumento na produtividade do Estado. O estudo foi conduzido por Noah Berger e Peter Fisher, baseado nos dados do Departamento de Estatísticas do Trabalho dos Estados Unidos de 1979 a 2012.

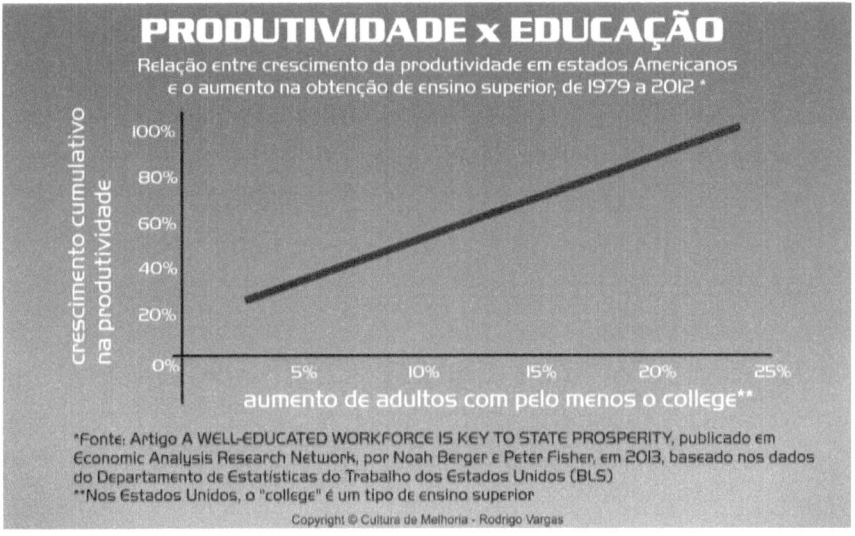

O caso da Motorola, que vale a pena comentar, identificou que cada 1 dólar aplicado em treinamento rendeu, em 3 anos, 30 dólares de ganhos de produtividade, ganhos esses entendidos como todo gasto evitado, todo aumento de eficiência, e todo gasto que tenha sido reduzido.

Custo do Não-Treinamento

Tão interessante quanto analisarmos o retorno do investimento em treinamento, é analisarmos o custo do não treinamento. Uma publicação de 2014 do Instituto Kenexa de Alto Desempenho (Kenexa High Performance Institute), parte da empresa IBM, mostrou que os colaboradores que sentem que não vão se desenvolver, nem atingir seus objetivos de carreira, tem 12 vezes mais propensão a deixar a Organização do que aqueles que percebem oportunidades. Outro achado desse estudo afirma que se tem cerca de 30% de perda anual nas competências que não são reforçadas através de treinamentos, o que significa dizer que, mesmo as competências já estabelecidas, devem passar por reciclagem. Em relação aos novos colaboradores, encontrou-se um percentual de 64% com intenção de sair da Organização por não ter recebido treinamento adequado para desempenhar a função específica, contra apenas 22% daqueles que disseram ter recebido treinamento adequado.

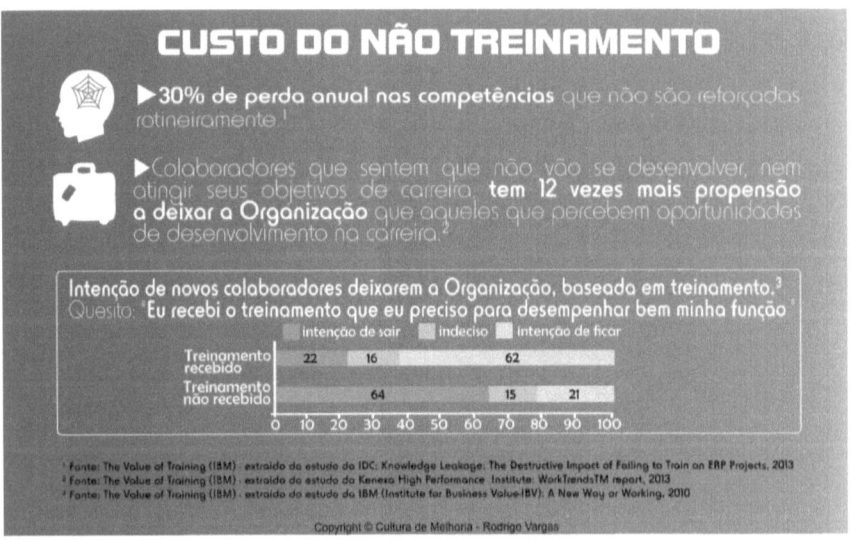

Existe um pensamento muito verdadeiro e interessante que espelha o que é o custo do não treinamento de uma forma bastante simples.

"Pior que treinar pessoas e perdê-las, é não treinar e mantê-las!"

Zig Ziglar - consultor e escritor americano

A frase é de Zig Ziglar, um consultor e escritor americano, e serve de alerta para aqueles que ainda têm dúvidas, ou não sabem lidar com o desenvolvimento de competências dentro da Organização.

Tendências

Ao observarmos o histórico de dados provenientes das pesquisas anuais sobre treinamento (Training Industry Report) da Revista Training Magazine, de 2007 a 2016, poderemos ver claramente a tendência de aumento no número de horas de treinamento por colaborador.

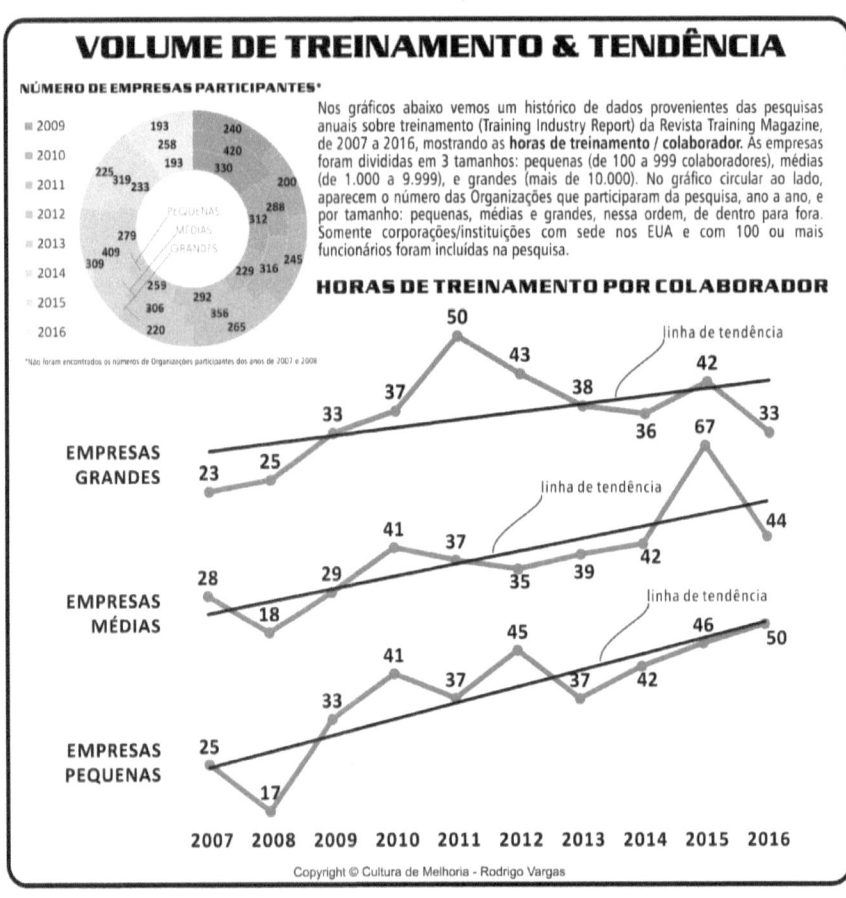

A Revista Training Magazine edita, anualmente, um prêmio chamado "Training TOP 125", que reconhece as empresas que mais se sobressaíram no âmbito do treinamento corporativo, e, segundo a revista informa, é baseado numa avaliação de fatores quantitativos e qualitativos como: investimento no desenvolvimento do colaborador, escopo do programa de treinamento, o quanto esse programa está vinculado aos objetivos da Organização, bem como, os próprios resultados, entre outros fatores. Analisando as estatísticas do prêmio, de 2012 a 2018, verificamos o valor médio dedicado por estas empresas aos treinamentos (em % da folha de pagamento) tem se mantido acima de 4%, ainda que tenha havido oscilação no faturamento médio das empresas.

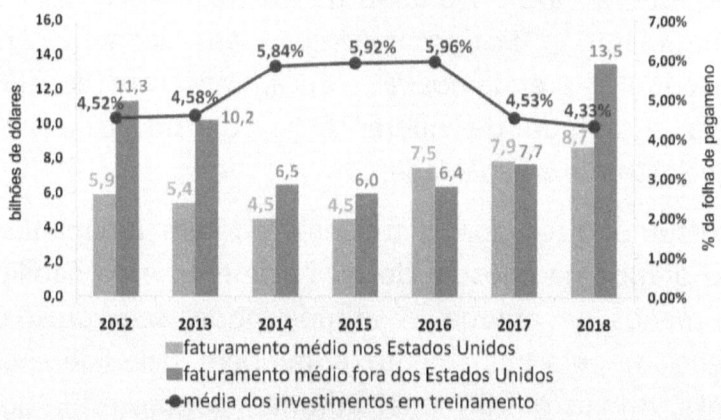

INVESTIMENTO EM TREINAMENTO
Estatísticas relacionadas ao prêmio* "Training TOP 125" da Revista *Training Magazine*

* O ranking TOP 125 é baseado, segundo a revista informa, numa avaliação de fatores quantitativos e qualitativos como: investimento no desenvolvimento do colaborador, o escopo do programa de treinamento, o quanto esse programa está vinculado aos objetivos da Organização, e os seus resultados, entre outros. Os dados apresentados se referem ao ano calendário anterior ao do prêmio, ou seja, o prêmio TOP 125 de 2012 (entregue no início de 2012) apresenta dados relativos a 2011.

Copyright © Cultura de Melhoria - Rodrigo Vargas

Competências

Sabemos que treinar é desenvolver alguma(s) competência(s), mas, e competência, o que é exatamente? Consideramos a competência como sendo o conjunto do conhecimento, da habilidade e da atitude relacionado à determinada tarefa. Dessa forma, para dizermos que temos uma determinada competência, precisamos não apenas "saber" (conhecer determinado tema), mas precisamos também "saber fazer" (ter habilidade para executar tarefas relativas ao tema), e mais ainda, "querer fazer" (vontade de executar a tarefa). Com o "conhecimento", ficamos cientes da teoria, com a "habilidade", aprendemos a prática, mas sem a "atitude" correta, a atitude de querer fazer, de pouco adianta o conhecimento e a habilidade.

Eu costumo dizer que o treinamento tem uma influência muito grande na questão do conhecimento e da habilidade, mas, menos na atitude. A atitude pode, sem dúvida, ser influenciada pelo treinamento, e, também, pela liderança, no entanto, é mais difícil mudar atitudes, porque estão ligadas aos valores da pessoa. É aí que a liderança tem um papel fundamental em orientar, desenvolver, ou substituir o colaborador.

O Processo de Treinamento

Vamos, agora, entrar um pouco mais a fundo no processo de treinamento, em si. Ele é composto, basicamente, por quatro etapas:

1. Identificação da necessidade de treinamento;
2. Planejamento do treinamento;
3. Execução do treinamento;
4. Avaliação do treinamento.

O processo de treinamento é um processo que visa desenvolver uma determinada competência. O treinamento deve, em geral, proporcionar 3 feitos: transmitir um determinado conhecimento, capacitar a pessoa em uma determinada habilidade, e, idealmente, estimular uma certa atitude. Para concretizar esses propósitos, há um certo caminho a percorrer, através das 4 etapas do processo de treinamento como um todo. Vamos ver, adiante, cada uma dessas etapas.

1- Identificação do treinamento

Na etapa de identificação do treinamento, o objetivo nada mais é do que observar e detectar as maiores deficiências de competências num determinado grupo, área, ou Organização como um todo. Para começar, é importante ter desenhada uma matriz das competências que você quer mapear. Se estivéssemos mapeando os gestores, a nossa matriz deveria, obrigatoriamente, conter as 12 competências básicas de gestão. Se estivéssemos mapeando vendedores, a matriz de competências deveria conter, entre outras competências: conhecimento básico do produto, fluxo geral de vendas, técnicas básicas de vendas, documentação de vendas, promoções de vendas, e conhecimento básico do sistema de vendas. Se estivéssemos mapeando trabalhadores de linha de montagem, a matriz deveria conter, entre outras, as seguintes competências: conhecimento básico do produto, conhecimento básico de lubrificação, conhecimento básico de materiais, conhecimento básico de tratamentos de superfície, conhecimentos básicos de torque, conhecimento básico de eletricidade, e capacitação na estação de trabalho.

As competências podem estar divididas em obrigatórias, e complementares; e classificadas nos níveis insuficiente, elementar, capaz, e superior. As obrigatórias são aquelas que requerem o nível elementar, como um mínimo para poder desempenhar a atividade. Colaboradores com o nível superior em determinada competência, podem dar treinamento nessa competência específica. Além da matriz de competências que, por si só, é um bom indicativo da demanda de treinamento, outros recursos podem ser utilizados na identificação das deficiências de competências na Organização, como aplicação de questionários, ou entrevistas. Com base nessas informações, deve se realizar uma análise crítica das deficiências apontadas, levando-se em conta os macro objetivos do planejamento estratégico da Organização, com a finalidade de segmentar as deficiências em dois tipos: principais e secundárias.

O infográfico, a seguir, ilustra o processo:

As diversas necessidades de treinamento em uma Organização podem, basicamente, estar divididas em:

- **Educação**: tem o objetivo de normalizar a educação fundamental e média, ou mesmo proporcionar condição de acesso à educação superior.

- **Línguas**: proporcionar a competência necessária em idiomas estrangeiros, focando a necessidade da Organização.

- **Informática**: busca a capacitação para utilização de softwares específicos de acordo com a necessidade da Organização.

- **Corporativo**: treinamentos voltados ao conteúdo Organizacional, ou seja, específicos da própria Organização, incluindo seus produtos, e seus processos, e direcionados, precipuamente, ao público interno, mas, eventualmente, o externo também.

- **Treinamento *On The Job* (Operacional)**: aquele voltado a uma atividade de trabalho, com o objetivo de introduzir ou melhorar alguma competência necessária para um colaborador executar alguma tarefa de um processo de sua responsabilidade.
- **Treinamento de Gestão e Liderança**: treinamentos focados nas competências principais de gestão e liderança.

2 - Planejamento do treinamento

A etapa do planejamento deverá converter as listas de deficiências de competências (obtidas na fase de identificação) em uma lista inicial de treinamentos. Essa lista, após análise de *budget* (orçamento), confrontando a necessidade com a possibilidade, produz o plano de treinamento, que representa a lista possível de treinamentos. O plano de treinamento, uma vez colocado em calendário, com datas específicas, passa a ser o programa de treinamento. Veja no infográfico a seguir, o detalhamento.

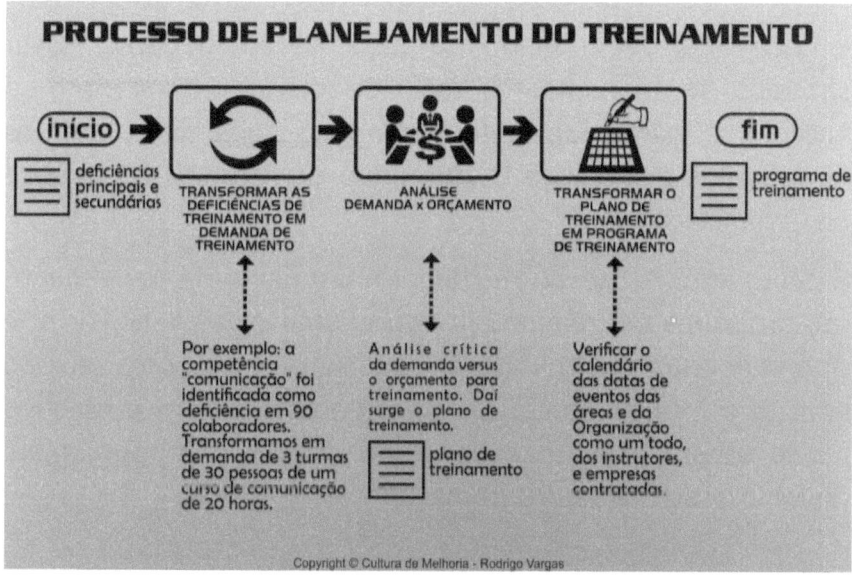

O treinamento presencial deve ser o carro-chefe, pois proporciona interação e troca de experiências de forma preciosa. No entanto, hoje, existem os mais variados recursos didáticos e cognitivos alternativos para utilizarmos em treinamento, com a vantagem de poder atingir uma grande quantidade de colaboradores com maior flexibilidade na questão de horário. Cito, a seguir, alguns deles que considero boas alternativas ao presencial:

- **Vídeo**: podendo ser ao vivo, ou gravado; acessado por computador, *smartphone*, ou mesmo um televisor.

- **Realidade Virtual**: programas de tecnologia que proporcionam interatividade entre o treinando e um determinado ambiente, através de um modelo virtual tridimensional.

- **Treinamento por Computador**: primordialmente, oferece instrução através da disponibilização de informações por computador, podendo ser online ou não, com maior ou menor grau de interação.

É claro que, dependendo da Organização, poderão existir sistemas de treinamentos mais ou menos elaborados, no entanto, o mais importante é que haja treinamento com as ferramentas disponíveis, e utilizando os recursos ao alcance da Organização.

É muito importante, ao se chegar a um plano de treinamento (ou programa de treinamento) após análise das deficiências e do orçamento da Organização, que se promova uma reunião com as principais lideranças da Organização com o objetivo de se obter consenso e validação, pois isso proporcionará maior adesão a esse programa.

3 - Execução do treinamento

Aqui, é, efetivamente, onde as competências serão desenvolvidas, portanto, é um passo fundamental. Essa etapa é composta basicamente pela preparação do material, organização do local, e execução (em si) do treinamento. Veja o infográfico, a seguir.

Para chegarmos ao momento da execução do treinamento propriamente dito, é porque houve um certo trabalho, tempo se passou, e dinheiro foi gasto, desde o início do processo de treinamento. Portanto, esse é o grande momento em que se agrega valor com a melhoria da competência do colaborador. Obviamente, a presença do colaborador escalado para um treinamento presencial é absolutamente fundamental. Em algumas Organizações, já vi ocorrer a ausência do colaborador no treinamento com as mais variadas desculpas, e muitas vezes em consonância com a própria chefia. De fato, em raríssimas situações, poderá ocorrer uma falta, mas esses casos devem ser plenamente justificados. Caso contrário, se estivermos diante de "pouco caso" com o treinamento, ou falta de disciplina, podemos estar diante de uma oportunidade de melhoria com a substituição desse colaborador ou dessa chefia.

Como medida adicional para se buscar a presença de todos, pode-se fazer o envio de lembretes, com a antecedência devida, aos colaboradores e chefias envolvidas. Porém, o fundamental é ter todas as lideranças focando a atividade de treinamento, pois, como já vimos, ela é um dos pilares da construção da Cultura de Melhoria.

4 - Avaliação do treinamento

Segundo o consagrado modelo de Donald Kirkpatrick, que foi professor da Universidade de Wisconsin, além de ter sido presidente da Associação Americana de Treinamento e Desenvolvimento, hoje chamada de Associação para Desenvolvimento de Talentos (Association for Talent Development), uma boa avaliação de treinamento deve ter 4 etapas: a <u>avaliação de reação</u> (logo após o treinamento), a <u>avaliação de aprendizagem</u> (também logo após o treinamento), a <u>avaliação da competência</u> no local de trabalho (aqui, de novo, a liderança tem papel chave), e, por fim, a <u>avaliação dos resultados</u> da Organização, mostrando o impacto pelo treinamento.

Veja, a seguir, o infográfico ilustrativo.

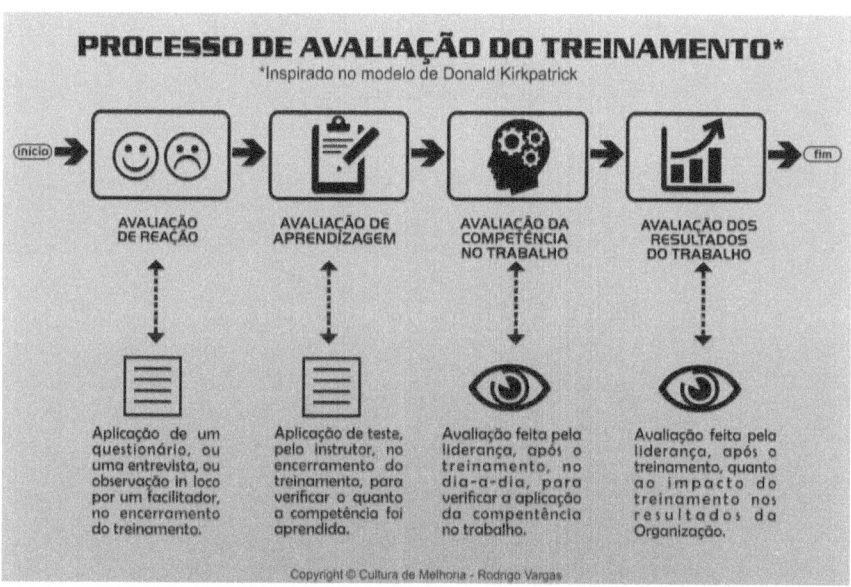

Resumo

PASSO 4 - TREINAMENTO DOS COLABORADORES - RESUMO

☞ O treinamento é um poderoso formador da Cultura de Melhoria;

☞ Vários são os estudos que demonstram haver significativo retorno no investimento em treinamento;

☞ O custo do não-treinamento é muito alto para se pagar, entre eles: baixa motivação e perda de talentos;

☞ As estatísticas mostram que a tendência nos últimos anos tem sido de aumentar o volume de treinamento nas Organizações;

☞ A competência é definida como o conjunto do conhecimento (saber), da habilidade (saber fazer), e da atitude (querer fazer);

☞ O processo de treinamento engloba 4 etapas importantes: identificação das necessidades, planejamento do treinamento, execução, e avaliação;

Passo 5: Fermentação Cultural

Transformando a Cultura

A fermentação cultural não é uma etapa formal, mas sim, uma etapa natural. Ela pode começar no mesmo momento em que se decide pela implantação da cultura de melhoria, ou quando se inicia a seleção das lideranças, pois esse movimento de seleção de lideranças já provoca aquilo que eu chamo de fermentação cultural, quando os colaboradores já começam a perceber a adoção dos novos valores, novos comportamentos.

A fermentação cultural é a mudança no pensamento, é a interpretação de uma nova postura da Organização, é a adaptação aos novos padrões de relevância e importância, encabeçados pelos princípios morais (respeito, caráter, e honestidade), pelas competências principais dos gestores, e pelas competências necessárias dos colaboradores. O foco agora é melhorar dia a dia. A fermentação cultural provoca mudança de atitude, alteração de comportamento, e isso não tem hora para acontecer. A inclusão da fermentação cultural, como sendo um dos 7 passos da implantação, é apenas uma forma didática de mostrar que, sim, esse fenômeno ocorre na criação de uma Cultura Organizacional, porém, não em algum momento específico programado, mas, ao contrário, poderá estar ocorrendo no dia a dia.

O Perigo Vem de Cima

Iniciado o trabalho em busca da Cultura de Melhoria, há que ter determinação e firmeza de propósito, principalmente, pela alta direção da Organização. Decisões imbecis, intempestivas, arrogantes, antiéticas ou descabidamente autoritárias, podem levar por água abaixo todo um trabalho feito pela Organização em prol da Cultura de Melhoria. Veja esses exemplos: numa certa empresa, durante uma reunião gerencial, o próprio CEO orienta um gerente da área comercial a mentir sobre o prazo de entrega de um produto, para não perder uma determinada venda. Em outro momento, o CFO manda faturar um pedido de um cliente que ainda não foi produzido, apenas para poder lançar no relatório de vendas do mês e melhorar artificialmente o resultado. Noutra empresa, o CEO determina reduzir o prazo de lançamento de alguns novos produtos muito abaixo do padrão da operação, ainda que isso implique em questões de processos e qualidade.

Esses são alguns exemplos do que não deve ser feito, são exemplos de ações que destroem a Cultura de uma Organização (destroem a Cultura boa, mas criam a Cultura ruim). Veja que desafiar o time é muito diferente de propor algo antiético ou imprimir uma pressão descabida. Não foi à toa que eu iniciei o capítulo do Passo 1, com o seguinte texto:

"O primeiro passo, e um dos mais importantes, é a decisão da alta direção da Organização em implementar a Cultura de Melhoria. Por que é um dos mais importantes? Porque deixá-la de lado ao longo de sua implementação poderá ser, além de frustrante para muita gente, uma mensagem de que a Organização não se considera vencedora, e não preza por excelência."

Um estudo realizado pelo CIPD (Chartered Institute of Personnel and Development) com 10.000 profissionais de RH, e lideranças de empresas do Reino Unido, Oriente Médio, Norte da África, e Ásia, mostrou que atender a necessidade do negócio, ou imprimir pressão exagerada pode levar ao comprometimento dos princípios morais. Veja, a seguir, os resultados:

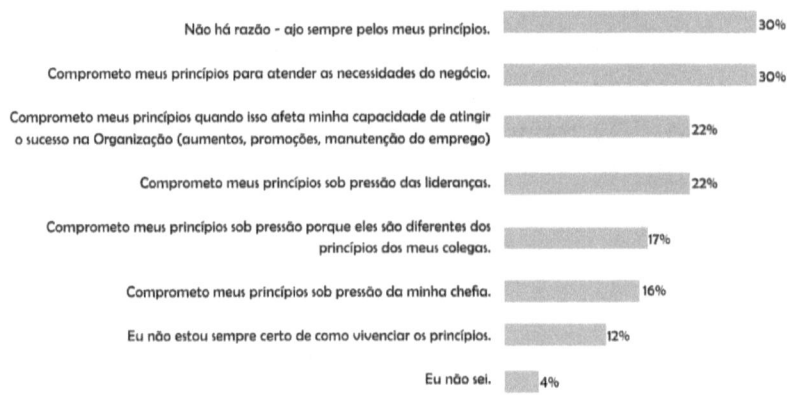

RAZÕES PELAS QUAIS OS BONS PRINCÍPIOS* PODEM SER COMPROMETIDOS

- Não há razão - ajo sempre pelos meus princípios. — 30%
- Comprometo meus princípios para atender as necessidades do negócio. — 30%
- Comprometo meus princípios quando isso afeta minha capacidade de atingir o sucesso na Organização (aumentos, promoções, manutenção do emprego) — 22%
- Comprometo meus princípios sob pressão das lideranças. — 22%
- Comprometo meus princípios sob pressão porque eles são diferentes dos princípios dos meus colegas. — 17%
- Comprometo meus princípios sob pressão da minha chefia. — 16%
- Eu não estou sempre certo de como vivenciar os princípios. — 12%
- Eu não sei. — 4%

*A pesquisa considerou princípios como: agir com integridade, fazer a coisa certa, como uma pessoa decente faria.
**Estudo da CIPD-Chartered Institute of Personnel and Development (UK), analisando 10.000 colaboradores das áreas de RH e lideranças de empresas do Reino Unido, Oriente Médio, Norte da África, e Ásia.
***Pesquisa conduzida pelo YOUGOV.

Copyright © Cultura de Melhoria - Rodrigo Vargas

Qualquer determinação antiética, qualquer pressão descabidamente autoritária, desencadeará por toda a Organização uma série de outras ações similares e danosas. Assim como o bom exemplo tende a se propagar, o mau exemplo, também. Todos nós queremos líderes a quem possamos admirar. Lideranças íntegras, de caráter, são aquelas que inspiram, que motivam, que conseguem resultados, que estabelecem relações de confiança, fundamentais para uma Cultura de Melhoria.

Passo 6: Repetições Cíclicas

Disciplina Diária

Implantar a Cultura de Melhoria exige trabalho diário, ininterrupto, disciplinado, e cíclico, ou seja, devemos repetir regularmente todos os passos vistos anteriormente, buscando o aperfeiçoamento, e a correção em ações tomadas anteriormente. Mas o que isso quer dizer? Isso significa dizer que as lideranças devem, regularmente, avaliar as lideranças de seu time. As lideranças devem, regularmente, avaliar todos os membros de suas equipes, formal e informalmente. A Organização deve manter um programa constante de treinamento, promovendo o desenvolvimento dos colaboradores.

Ou seja, a Organização, como um todo, deve proporcionar ambiente propício para a execução de todos os passos anteriores, de forma regular e permanente.

Como eu já disse anteriormente, criar e manter uma Cultura de Melhoria tem início, mas não tem fim. É um trabalho diário, rotineiro, e que, por isso mesmo, tende a aumentar sua eficiência ao longo do tempo, alcançando melhores resultados.

Ciclos

As repetições cíclicas devem ocorrer no âmbito da Organização, por isso, de quando em quando, devemos parar e analisar criticamente o que temos feito, e os resultados que estamos obtendo. Portanto, devemos nos perguntar, de forma cíclica, se estamos convictos de estar no caminho certo. A seguir, algumas perguntas que devemos nos fazer:

- Estamos caminhando na direção de uma Cultura de Melhoria?
- Que evidências temos de que estamos no caminho certo?
- Nossos líderes têm autoridade moral?
- Como está o desenvolvimento das competências dos gestores?
- Como têm sido os resultados dos treinamentos dos colaboradores?
- E os resultados da Organização? Tem melhorado?
- Nosso ambiente de trabalho é um bom ambiente? Que evidências temos?

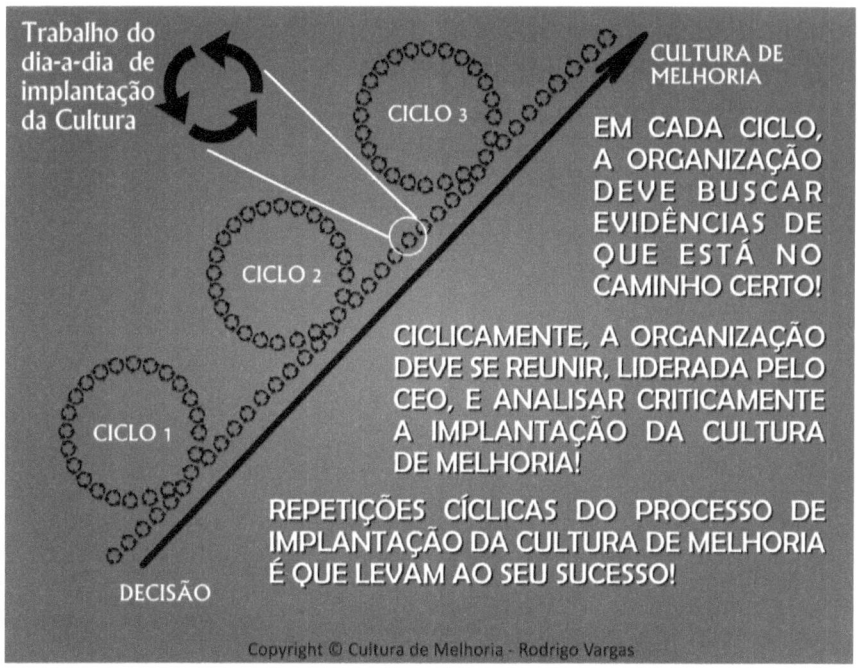

Essas e outras perguntas devemos nos fazer de forma cíclica, e numa frequência adequada. Pelo fato de que estamos falando de Cultura Organizacional, que tem uma razoável inércia, ciclos curtos podem não ser suficientes para se perceber diferenças, e ao contrário, ciclos muito longos podem permitir reações tardias. Na verdade, cada Organização deve encontrar a periodicidade que melhor lhe caiba para esses ciclos de análise crítica, e isso depende do seu tamanho, e da complexidade de sua estrutura, entre outros fatores, mas devem envolver todos os gestores da Organização. Deve ser estabelecido um processo fluido, tão simples quanto possível, e tão formal quanto necessário, para permitir uma análise rápida e, ao mesmo tempo, eficaz.

Um alerta importante: estabelecer uma periodicidade para uma análise crítica formal da implantação da Cultura de Melhoria, não exime cada um dos gestores de realizar, no âmbito da sua rotina diária, a sua própria análise crítica, ainda que informal, porém, fundamental.

Passo 7: Cultura de Melhoria

Os Níveis de Cultura e seus Critérios

Podemos, de uma forma prática, estabelecer 5 níveis de Cultura dentro de uma Organização, considerando 3 critérios fundamentais: vivência de valores, treinamento, e lideranças:

	CRITÉRIOS FUNDAMENTAIS		
	VIVÊNCIA DE VALORES	TREINAMENTO	LIDERANÇAS
CULTURA DE MELHORIA	Conjunto de valores claros e vivenciado pela maioria.	Os treinamentos são frequentes.	A maioria das lideranças é muito boa e focada na seleção e desenvolvimento de suas equipes.
CULTURA DE QUALIDADE	Conjunto de valores claros, mas não vivenciado pela maioria.	Treinamentos frequentes.	A maioria das lideranças é boa, mas focada em obter resultados com programas de qualidade.
CULTURA MEDIANA	Conjunto de valores claros, mas pouco vivenciado.	Pouco ou médio treinamento.	Lideranças boas e fracas são presentes na Organização, vendo-se facilmente pessoas comprometidas trabalhando com pessoas não comprometidas.
CULTURA FRACA	Quase não se percebe vivência de valores.	Pouco treinamento.	A maioria das lideranças é fraca, pouco comprometimento.
CULTURA NENHUMA	Não há vivência de valores.	Pouco ou nenhum treinamento.	A maioria das lideranças é fraca e cada liderança age de um jeito, não se percebe comprometimento.

Elencando da melhor para a pior situação, temos:

- **Cultura de Melhoria**: conjunto de valores claros é vivenciado pela maioria, os treinamentos são frequentes, a maioria das lideranças é muito boa e focada na seleção e desenvolvimento de suas equipes;
- **Cultura de Qualidade**: conjunto de valores claros, mas não vivenciado pela maioria, treinamentos frequentes, a maioria das lideranças é boa, mas focada em obter resultados com programas de qualidade, pouca preocupação em selecionar as pessoas das equipes;
- **Cultura Mediana**: conjunto de valores claros, mas pouco vivenciado, pouco ou médio treinamento, lideranças boas e fracas são presentes na Organização, vê-se pessoas comprometidas trabalhando com pessoas não comprometidas;
- **Cultura Fraca**: quase não se percebe vivência de valores, pouco treinamento, a maioria das lideranças é fraca, pouco comprometimento;
- **Cultura Nenhuma**: não se percebe qualquer tipo de Cultura, não há vivência de valores, pouco ou nenhum treinamento, a maioria das lideranças é fraca e cada liderança age de um jeito, não se percebe comprometimento;

Parâmetros

E como saber quando atingimos a Cultura de Melhoria? Na verdade, a cada passo que a liderança dá em direção à melhoria, a cada treinamento realizado, mais nos aproximamos da Cultura de Melhoria. É muito difícil quantificar a Cultura de Melhoria, transformando-a em quesitos objetivos, a ponto de poderem ser mensurados. Implantar a Cultura de Melhoria, como já dissemos, é muito mais que implantar um Programa de Qualidade.

A implantação de uma ISO 9001, por ex., pode ser auditada contra determinados quesitos, e pode-se determinar objetivamente se a Organização está respondendo adequadamente ou não, ou seja, pode-se determinar se a Organização possui implantado, ou não, o sistema de gestão da qualidade ISO 9001. A Cultura de Melhoria é um pouco diferente, são vários aspectos, mas, nem sempre objetivos, ou de mensuração, muitas vezes, questionável.

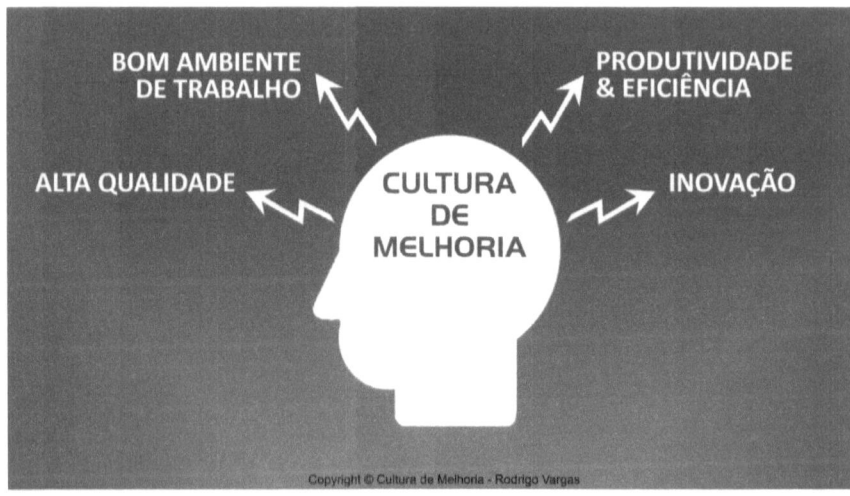

No entanto, podem ser, claro, estabelecidos alguns parâmetros de avaliação, já que a Cultura de Melhoria visa, em última análise, "melhorar". De maneira prática, a Cultura de Melhoria deve aproximar a Organização de seus objetivos, portanto, os próprios indicadores da Organização são um bom termômetro. Desse modo, podemos avaliar o quanto melhoramos ou não, e o quanto desenvolvemos a Cultura de Melhoria, pela medição dos próprios indicadores Organizacionais.

Resumo Infográfico

Cultura de Melhoria: Levando a Organização à Excelência

Conclusão

Eu, nas empresas por onde passei, busquei sempre criar uma Cultura de Melhoria nas áreas de minha responsabilidade. Aqui, o objetivo foi sistematizar aquilo que eu fiz ao longo dos anos, ainda que, o mais das vezes, de modo informal. Eu quis, ao escrever este livro, transferir a minha experiência de gestão e criação de Cultura, advinda do trabalho nas diversas corporações por onde passei, sendo evidente que, em algumas empresas obtive mais sucesso do que em outras, pois cada uma tinha uma realidade diferente, cada uma tinha fatores facilitadores e dificultadores muito próprios.

Procurei, ao longo do texto, enfatizar aquilo que eu acredito que seja o mais significativo na criação de uma Cultura de Melhoria, que é a sua essência, a qual é baseada em lideranças positivas, eficientes, e com autoridade moral; e em treinamentos regulares e constantes para todos os colaboradores. Existem, como há de se supor, várias maneiras de se chegar a uma Cultura de Melhoria, e eu, aqui, proponho uma. Embora o caminho seja longo, os frutos que podem ser colhidos são muito recompensadores. Eu penso que as Organizações de sucesso são sempre aquelas que, de algum modo, implantaram uma Cultura de Melhoria.

Boa Sorte e muito Sucesso!

Rodrigo Vargas

Agradecimento

Obrigado pela leitura do livro! Espero que este meu trabalho tenha lhe agregado valor e, de algum modo, despertado novas ideias, criado conhecimento ou encorajado reflexões. Gostaria muito de poder conhecer a sua opinião sobre o livro e, para isso, seria fantástico (e eu ficaria muito grato!) se você pudesse dedicar algum tempo para escrever uma avaliação na página do livro, na loja onde foi comprado, contando o que gostou e o que pode ser melhorado. Isso poderá me proporcionar desenvolvimento e evolução, além do que, ajuda autores independentes, como eu, a divulgar o trabalho e informar outros leitores.

Muito obrigado!

Rodrigo Vargas

Outras Publicações de Rodrigo Vargas

O livro "52 Bons Hábitos de Gestão, Liderança e Relações Humanas" descreve os bons hábitos que podem ajudar você, em seu ambiente de trabalho, a se destacar dos demais, demonstrando confiança e credibilidade aos superiores, pares e subordinados; aumentando sua produtividade e de sua equipe; melhorando seu relacionamento, sua liderança, sua eficiência e otimizando seu tempo. O livro é resultado do aprendizado e da análise crítica do autor decorrente de vários anos de experiência em gestão na indústria. Com uma linguagem simples e objetiva, o livro é uma opção de leitura fácil e envolvente distribuída ao longo de 52 capítulos: 1. Estabeleça metas e trabalhe para atingi-las! 2. Saiba ter equilíbrio emocional! 3. Esteja preparado para as mudanças! 4. Saiba como marcar reuniões eficazmente! 5. Solucione problemas! 6. Aprenda a dar ordens! 7. Exponha uma opinião contrária de modo inteligente! 8. Coloque as pessoas de sua equipe onde elas rendem mais! 9. Relacione tarefas a nomes! 10. Lidere reuniões! 11. Faça, pelo menos, um elogio por dia! 12. Demonstre sempre uma postura séria! 13. Saiba conviver com as críticas! 14. Saiba gerenciar eficazmente seu tempo! 15. Dê bons exemplos! 16. Prefira não criticar seu colega! 17. Não se envolva com fofocas! 18.

Comemore as suas vitórias! 19. Evite discussões! 20. Seja justo! 21. Tenha um aperto de mão firme! 22. Assuma seus erros! 23. Peça feedback sincero! 24. Em reuniões, fale somente o necessário! 25. Não exagere no trabalho! 26. Faça um esporte! 27. Faça um trabalho voluntário! 28. Só prometa aquilo que você está certo de que poderá cumprir! 29. Avalie eficazmente sua equipe! 30. Tenha um plano de carreira! 31. Livre-se das perguntas embaraçosas! 32. Formalize o que é importante! 33. Fale em público! 34. Contorne os erros. Tenha foco na busca de soluções! 35. Saiba como chamar a atenção dos outros, quando errarem! 36. Entenda plenamente toda a pergunta que lhe for feita e pense antes de respondê-la! 37. Crie uma perspectiva positiva do futuro! 38. Alimente sua cultura geral! 39. Fale outras línguas! 40. Busque constantemente o autodesenvolvimento! 41. Motive sua equipe! 42. Apoie sua equipe! 43. Cumprimente com voz firme! 44. Respeite as normas internas da empresa! 45. Vista-se com elegância! 46. Sorria! 47. Compartilhe informações com sua equipe! 48. Tome decisões! 49. Aprenda com os erros. Aproveite toda energia contida neles! 50. Encare desafios! 51. Delegue autoridade! 52. Siga seus princípios!

O "livro Matemática Financeira Descomplicada", que é um manual prático, traz para você os fundamentos e principais conceitos da matemática financeira, com explicações objetivas e simplificadas. Afinal de contas, seja para analisar a melhor alternativa de investimento, ou para definir a melhor opção de compra, são muitas e variadas as oportunidades para a utilização dos conceitos da matemática financeira no dia a dia.

É indicado para estudantes e profissionais que necessitem conhecer e aprender os principais conceitos da matemática financeira. Também é indicado para quem quer obter conhecimento para uso geral, do dia a dia, a fim de conseguir entender melhores alternativas de aplicação financeira, ou de compras de produtos, por exemplo, para comparar e avaliar alternativas a prazo e à vista, entre outras.

Algumas das características desta edição:
- Para cada novo conceito, o livro traz exemplos de aplicação ou simulações;
- Os exercícios resolvidos apresentam tanto as resoluções matemáticas, quanto as resoluções com a HP 12C (demonstração "passo a passo" e "tecla a tecla"), além de mostrar o uso das tabelas financeiras;
- O livro conta com uma seção ilustrada, para iniciantes na HP 12C;
- Tabelas-resumo, com fórmulas e principais conceitos;
- Tabelas financeiras para facilitar os cálculos e permitir resolver questões com o uso de calculadoras comuns.

No "Guia Prático de Finanças do Dia a Dia" você vai conhecer várias maneiras para usar o seu dinheiro com critério e discernimento, com o objetivo de conquistar uma vida financeira mais saudável!

Veja alguns dos tópicos abordados neste livro:

- Como calcular o valor da multa e juros de um boleto?
- Como calcular o valor futuro de aplicações financeiras?
- Como avaliar a melhor alternativa de investimento?
- Como calcular um aumento acumulado?
- Inflação x Ganho real?
- Pagar à vista ou a prazo? O que é melhor? E quando?
- Quais são os tipos de crédito pessoal e suas taxas?
- Como calcular os juros do cheque especial e do cartão?
- Como planejar financeiramente uma compra ou poupança?

E mais, conheça os 8 Mandamentos das Finanças do Dia a Dia, baixe gratuitamente a calculadora financeira em planilha eletrônica (ensinaremos, no livro, o passo a passo para você poder usá-la) e a planilha de controle de finanças domésticas!

Reformule sua maneira de comprar e investir, reveja sua forma de usar o dinheiro, adquira o controle de suas finanças! Compre agora o "Guia Prático de Finanças do Dia a Dia", e comece já a mudar o seu presente e a construir um futuro melhor!

Após a visita de milhares de profissionais e estudantes ao portal GestaoIndustrial.com, e várias solicitações para disponibilizar o conteúdo em formato de livro, foi aceito mais este desafio. O objetivo foi o de disponibilizar conteúdo e informação, devidamente adaptados ao formato de livro, de modo que você pudesse carregá-lo sempre consigo, inclusive offline. Portanto, este livro contém, basicamente, os temas que, ao longo de vários anos, foram editados para o portal da web, no entanto, é bom que se frise, o conteúdo não é exatamente o mesmo.

O livro "Gestão Industrial de A a Z" proporciona uma visão geral da gestão na indústria, abordando os seus temas mais importantes: Análise de Alternativas Econômicas, Best Sellers – Processos e Pessoas, China, Comércio Exterior, Compras, Contabilidade Financeira, Contabilidade Gerencial, Custos Industriais, Desenvolvimento de Competências, Desenvolvimento do Produto, Eficiência dos Processos, Estrutura Organizacional, Ferramentas da Qualidade, Gestão de Estoques, Gestão de Pessoas, Gestão do Tempo, Indicadores Econômicos da Atividade Industrial, Lean Manufacturing, Liderança Eficaz, Logística, Manutenção Industrial, Marketing, Modelo de Gestão, MRP – Manufacturing Resource Planning, O Uso Do E-mail Nas Organizações, O Desperdício de Tempo no Trabalho, Pensamentos Motivacionais, Planejamento Avançado da Qualidade do Produto (APQP), Planejamento da Demanda, Planejamento Estratégico, Política de Estoques, Pós-Vendas,

Princípios de Gestão, Qualidade Total, Reuniões Eficazes, Sistema de Gestão da Qualidade, Six Sigma, Sustentabilidade, TPM – Manutenção Produtiva Total, Transportes, Tributação, Vendas.

O que você vai encontrar nesse livro? A resposta rápida é: valiosos insights de gestão!

Este livro reúne artigos escritos em 2018 para o Blog que faz parte do portal GestaoIndustrial.com, e que foram organizados por categorias para otimizar a leitura.

O livro "Falando de Gestão" é indicado a todos que gostam do tema e querem se desenvolver através de insights que envolvem vários aspectos relativos à gestão.

No livro você encontrará os seguintes temas, discutidos através de vários artigos do autor:
- Administração Geral
- Cultura Organizacional
- Desenvolvimento Profissional
- Gestão de Projetos
- Liderança
- Marketing
- Planejamento Estratégico,
- Produtividade
- Qualidade.

Este é o segundo livro da série "Falando de Gestão", que apresenta vários insights de gestão, e nesta edição, reúne os artigos escritos em 2019 para o Blog que faz parte do portal GestaoIndustrial.com, os quais estão todos organizados por categorias para otimizar a leitura.

Os livros da série "Falando de Gestão" são indicados a todos que gostam do tema e querem se desenvolver através de insights que envolvem vários aspectos relativos à gestão.

Neste livro você encontrará os seguintes temas, explorados através de vários artigos do autor:

- Administração Geral
- Cultura Organizacional
- Desenvolvimento Profissional
- Liderança
- Marketing
- Planejamento Estratégico,
- Produtividade
- Qualidade.

Baseado em uma permanência de um mês na China, a trabalho em 2010, eu decidi colocar no papel alguns aspectos interessantes e vários aprendizados dessa interessante e enriquecedora experiência.

Um dos maiores objetivos foi o de dar uma macro perspectiva da forte economia chinesa, e mostrar alguns indicadores chave relacionados a isso. Para uma melhor compreensão dos números, foi feita uma comparação com as economias dos Estados Unidos e do Brasil. Foram atualizados os indicadores em 2015 com a melhor e mais confiável informação que pode ser encontrada cujos dados, basicamente, foram coletados da Agência Central de Inteligência Norte Americana (CIA) e do Banco Mundial (WB).

Esse livro, escrito em inglês, pode-se dizer que é como um álbum de viagem, com informações técnicas e interessantes sobre a economia e o povo chinês.

O processo cognitivo do desenvolvimento de competências depende necessariamente da memória, ele está baseado no que eu chamo de círculo virtuoso do estudante de sucesso: estudar, compreender, e memorizar! Portanto, sem memorização não há conhecimento. Veja que as pesquisas de Ebbinghauss mostraram que em condições normais, após 2 dias, a lembrança do que havia sido previamente memorizado tende a ser menos de 30%, por isso as técnicas adequadas e a correta metodologia do estudo podem proporcionar um rendimento e uma eficiência muito maiores.

No livro "Técnicas de Memorização para Estudantes" você vai conhecer os Mandamentos da Boa Memória (hábitos para criar uma boa memória), as Dicas de Memorização (*insights* para turbinar a memorização), e os Métodos de Memorização (sistemas estruturados para memorizar desde pequenos até grandes conteúdos) aplicados ao estudo do conteúdo do ensino médio (o que facilita o entendimento para a grande maioria das pessoas) e, com extrema facilidade, você conseguirá criar seus próprios "pregos" mnemônicos para outras matérias e necessidades.

As técnicas apresentadas se aplicam às mais variadas necessidades de memorização, seja ou não estudante, inclusive com excelente aplicação no âmbito profissional, no dia a dia do trabalho.

Esta é a tradução que fiz, a partir do original italiano, deste grande clássico da moderna filosofia política, e que é um dos livros mais lidos e traduzidos de todos os tempos. O livro "O Príncipe" é um tratado político em que Maquiavel ensina como conquistar e manter o poder, demonstrando, com abundantes exemplos, as melhores estratégias, analisando os erros e os acertos dos príncipes, e dando orientações sobre as melhores formas de governar.

É melhor ser amado ou temido? Por que não se deve deixar ser odiado pelas pessoas? O quanto a sorte influencia os acontecimentos, e como reduzir seus efeitos? Por que as pessoas apoiam os oportunistas? Por que, e como, deve-se evitar os bajuladores? Que cuidados devemos ter ao escolher os ministros de governo, e o que fazer para mantê-los fiéis? Tudo isso, e muito mais, Maquiavel nos explica em detalhes, ao longo dos 26 capítulos de seu livro.

Esta edição apresenta o texto completo, numa linguagem atual, fácil de entender, e fiel ao estilo e ao pensamento do autor. Inclui, ainda, uma seção com informações sobre os personagens que são citados no livro por Maquiavel, e nessa versão ebook há links no nome do personagem que levam diretamente à sua descrição. Tudo isso para você ter um excelente entendimento do texto original de um dos maiores clássicos da literatura.

www.ingramcontent.com/pod-product-compliance
Lightning Source LLC
Chambersburg PA
CBHW031629210526
45464CB00004B/1813